新入社員研修に成功する100のツボ

坂川山輝夫 著

まえがき

私は1970年（昭和45年）にささやかな社員教育機関を設立し、以来30数年間、企業、官公庁、教育団体の講師として経営者から新入社員までの研修や講演に携わってきた。同時に自社内のセミナー・ルームでも毎月、定期的にセミナーを開催してきた。とくに毎年3～4月はほとんど毎日のように新入社員研修にかかりきりになる。

この折に私が感じたこと、改善してほしいこと、実施して効果のあったことなどを、各社の人事や研修担当者、社内講師の方々にお話しして喜ばれてきた。実際に新入社員研修に導入したとか、新入社員が夢中になった、研修事務局の姿勢が変わった、新人を研修するのが重荷でなくなったなど、嬉しい声もずいぶん頂いた。

また、私の新入社員研修の改善案、効果のあがる研修法など、「他にももっとあるはずだ。それを一冊の書籍にまとめられてはいかがだろうか」という要望も多いので、今回、これらを下敷きにして、その後の時代変化をとらえながら、新入社員研修を成功させるツボ（要点）といったことを中心として本書を出版することにした。

したがって、本書の対象読者は新入社員ではない。つまり新入社員に対する啓蒙書ではない。どのように彼らを戦力化したらいいのかと真摯に考えておられる新入社員研修を企画、開発、実施する部署や、実際に研修を担当する講師、また新人が配属された時、彼らのＯＪＴを受け持つ指導員の方々である。

新入社員研修というと、毎年4月上旬の入社式、またその前後に行われる講義・講演のことを指すと思っている人が少なくない。もちろん、こういうシーンも新入社員研修には違いないが、これは新入社員研修の一部であって、すべてではない。本書は全体像としての新入社員研修について筆を進めている。

すなわち、第1章「どうする？　新入社員研修」で、新入社員研修をどのように捉えたらよいかを全体の下敷きにした。

第2章「入社前研修（内定者フォロー）のあり方と実践」で、企業はまだ学生の彼らとどのようにコンタクトして、自社に志向させせればよいかを中心として述べた。

第3章「集合研修の工夫と効果的な実施方法」。集合研修が俗にいわれる新入社員研修だが、いろいろ問題も多い。どのように取り組み、効果を上げるべきかを取り上げてある。

第4章「研修事務局は受講生を『お客様』にするな」、第5章「社外講師の頼み方、選び方、使い方」では、研修を効果的に運営するための心得、留意すべきことなどを説いた。

第6章「配属後指導（配属後研修）の仕方」では、晴れて配属になった新入社員を上司、先輩がどのように新戦力として指導すべきかに焦点を当てた。

第7章「アフターケアを怠りなく――さらに成長を期待して」では、揺れ動く新入社員の心をつかみ、さらなる成長のために上司や先輩のするべきことを述べた。

そして、付「新入社員年度別タイプ」で、私が30年間担当した各社の新入社員の特徴をどう捉えたかを年度別に述べた。あなたは何型だったろうか。

本書はページを追ってお読みになる必要はない。目次をごらんになって興味のあるところ、差し当たりここから読んでみようとか、今この問題が頭に引っかかっているというところからでもよい。そのために第1章から第7章までの100項目は、どの項目も見開き2ページで読み終わるように執筆した（一部4ページ）。

就職氷河期が終結し、久しぶりの大型求人時代の到来といわれるが、新入社員の戦力化や意識改革は生易しいことではない。末筆ながら、研修に直接・間接にタッチする各位のご健闘を深くお祈りしたい。

平成18年8月

坂川《さかがわ》 山輝夫《さきお》

目次

第5章 社外講師の頼み方、選び方、使い方……155

第6章　配属後指導（配属後研修）の仕方……181

第1章

どうする？　新入社員研修

1 新入社員研修は新人の通過儀礼

卒業後は親・親戚の家業を継ぐ人は別として、まず大抵の家庭の子女は会社務めをすることが路線になっている。あるいは、高校入学当時から将来は会社務めの道を進むと決めていた人は、いよいよその既定路線に踏み出すから感慨ひとしおだろう。

高度経済成長時代からバブル時代にかけて、親はわが子が「いい進学塾に入り、いい学校に入り、いい会社に入り、いい給料をもらえば、死ぬまでいい人生が送れる」という神話を信じていた。事実、年功序列・終身雇用制度がこの神話を裏付けていた。どういう仕事をするかは、会社が能力開発研修や階層別研修で決めてくれた。人事異動で必要な経歴を身につけることができた。会社の敷いた路線に忠実であればあるほど、サラリーマン双六《すごろく》の上がりが見通せるし、それがまた日々のヤル気にも弾みがついた……。

ところが、驚天動地のバブル経済の崩壊、不景気の到来、リストラ、業績主義、デフレ経済、雇用の流動化、就職氷河期……を経て、日本経済も明るさを見出した。新卒の雇用も大幅に改善した。だが、新卒にとってはかつての神話どおりにこれから進むかどうか分からない。何とか新入社員としての立場は確保できたが、どのように進んだらよいのか、どのように仕事環境や対人環境の中で過ごしたらよいのか疑問が多い。そこでまず新しい環境の中で自分を見つめることができるように会社はお膳立てする。その中にまずは浸らせること、それが一連の新入社員研修なのである。

昔、武家社会では男子が成人したことを示すために「元服《げんぷく》」という儀式を行った。髪のひたいぎわを半月形に剃って一人前の成人とした。未開社会では大人になった証明として男性の陰茎の包皮を切り取る割礼という儀式がある。誕生、結婚、死亡の際の儀式など、いずれも「通過儀礼」である。権威ある辞書『広辞苑』（岩波書店）は、「入社式」も立派な通過儀礼であると記載している。通常、入社式の前には内定があり、内定式を挙行する会社もある。入社式のあとは辞令や身分証明書・健康保険証・社員手帳などの交付、関連する部署への挨拶回りだ。これらも欠かせない通過儀礼である。

内定したり実際に入社すれば、こういう通過儀礼があることを、新人はOB、OGあるいは会社から知らされる。何を言われるか、何をさせられるかという緊張や不安はあるが、これらのセレモニーがあってこそ、甘い考えでいた新人でも「やはり社会は厳しいのだ」「こんな私でも働くことは責任が伴うのだ」と自覚する。

したがって、新入社員研修とは新人を一人前として扱うための公の通過儀礼である。

2 あなたが新入社員研修で見かけるシーンは？

春先になると毎年のように、新入社員研修あるいは新規採用職員研修、フレッシュマン・セミナーなどの言葉が街で、企業で、官公庁で、マスコミ等で飛び交うが、あなたは新入社員研修と聞くと、まず何を思い浮かべるだろうか。

自社に入社したリクルート・スタイルのスーツに身を包んだ若い男女が、社長や役員の列席した講堂や大会議室で、入社式を控えて緊張した面持ちで椅子に腰を下ろしている光景だろうか。①

それとも各企業に入社した新人が合計1千名以上も大ホールに集まって、マスコミで著名な経営者や評論家、文化人の激励や歓迎の挨拶、記念講演などを真剣に聞き入っているシーンだろうか。テレビや新聞はこのシーンを「待ってました」とばかり、春のビジネス歳時記——新入社員登場——として毎年のように取り上げる。②

あるいは自分の子どもをフッと思い出して、「そういえばウチの娘も2年後には新入社員か、どんな職種を希望しているのかな」とか、「去年の今ごろはウチでも息子が新入社員だったな。一時は辞めるのと騒ぎ出して親を困らせたが、どうやら今は落ち着いてきたようだ。今担当している仕事にやりがいも感じていると言っていたな」と、ホッと微笑を浮かべるのだろうか。

　または、若かりしころの自分の体験を思い浮かべる人もいるだろう。すなわち、ホテルや公共の会館、自社研修施設などで、揃いのユニフォームに身を包んだ仲間たちと一緒に、熱心に講義を受講している図や実習風景……。自衛隊の体験入隊や禅寺の早朝坐禅に取り組んでいる光景を思い出す人もいるに違いない。③

　さらに、街なかの工事現場やデパート、スーパーの売り場で、実習生という腕章をはめた新人が先輩に教えられながら、緊張や照れくささの色を浮かべて仕事をこなしている状況を思い浮かべる人もいるだろう。④

　毎年100万人以上の中卒から大学院卒までの若い世代が、春先に一斉に企業、団体、官公庁、学校、病院、個人商店等で稼動する。この時、今まで述べたような光景を瞥見したり、自分の新卒のころを思い出したりする人は多いが、ここに述べたシーンが新入社員研修を網羅しているわけではない。それぞれ狭義の新入社員研修というものだ。①②③は集合研修（導入研修）に、④は配属後研修といった研修の範疇に分類することができる。

3 新入社員研修には3本の柱がある

「最近の若い者はとかく自分中心で、人とうまくやっていくための常識を知らない」

「言葉遣いも粗暴で、そばで聞いているとヒヤヒヤする」

「手取り足取りして一から教えなければ、うっかり客の前にも出せない」

「社会人になることの自覚や常識がいったいあるのだろうか」

こういう嘆きとも諦めともつかない言葉が多くの職場から漏れるようになってすでに久しい。新入社員に常識を期待しないことが今では常識になっているようだ。

かつてこれらの大部分は家庭と学校で培ってきたものだが、現在では家庭や学校に望んでもラチがあかない。そこで彼らを受け入れた先がカネ（金）と時間をかけて、

① 学生意識から社会人・企業人への脱皮を図ること

② 業務知識や技能を習得させること

③ 社会人・企業人としての態度や行動、思考を身につけさせること

これらを、いわゆる新入社員研修として実施しているのである。企業によって差はある

ものの、実施順に取り上げると次のような区分で行われている。これを私は「新入社員研修3本の柱」と称している。

① **入社前研修（内定者フォロー）**

採用を内定した学生に対して、入社決定までの期間に社会人の心得を説いたり、自社へのつなぎとめを図る。時期は入社前年の9月以降から翌年1～2月ごろまでが学業との兼ね合いもあってよいと思われる。

② **集合（合宿）研修**

入社式の前後に通勤あるいは合宿で実施するもの。「導入研修」と称している企業もある。期間も、1日だけ、3日間、1週間前後、1カ月以上と企業によってまちまちだ。内容は会社の業務知識や簡単な実務の学習、日常のマナー、接客応対、日常の言葉遣い、電話のかけ方・受け方などの実習、工場・研究所・ショールーム見学などがある。

③ **配属後指導（配属後研修）**

集合（合宿）研修後に配属（仮配属）先での業務内容についての実務研修である。現場で上司や先輩社員あるいは新入社員のために特別に指導員に任命された人が、実地に必要な知識・技能・実務を計画的に指導し研修する。別名ＯＪＴ（オン・ザ・ジョブ・トレーニング）といわれる。期間は1週間、10日間、1カ月などと職務によって異なる。

4 新入社員研修には流れがある

いわゆる新入社員研修といわれる3本の柱の流れを次ページに（Ⅰ）～（Ⅴ）型にわけて図示した。もちろん、この流れ以外の実施法も少なくない。

このうち、現在は（Ⅲ）型はほとんど影を潜めていると思われる。新入社員採用を現在のように会社人事の流れとして位置づけていなかった時代は、ほとんどの会社はこの（Ⅲ）型であった。採用も補充要員としての意味しか持たず、採用数も1人～2人といった時は入社式も割愛されて、採用即職場配置であった。もちろん計画的なＯＪＴなどはなく、たまたま配属された現場での上司・先輩社員から担当する仕事の内容や仲間の掟といったものを肌に叩き込まれた。怒鳴りつけられたり、嘲笑されたり、不明な箇所を聞いても「身体で覚えろッ」だ。

しかし現在では、内定時点や入社時点でかなりきめ細かく段階的に新入社員研修を実施する企業が一般的になってきた。一社あたりの採用数が少なく系統立った研修ができない企業は、業界や協同組合の主催で各社の新入社員を参加させ合同で実施している。

図1　新入社員の入社内定から就業までのプロセス

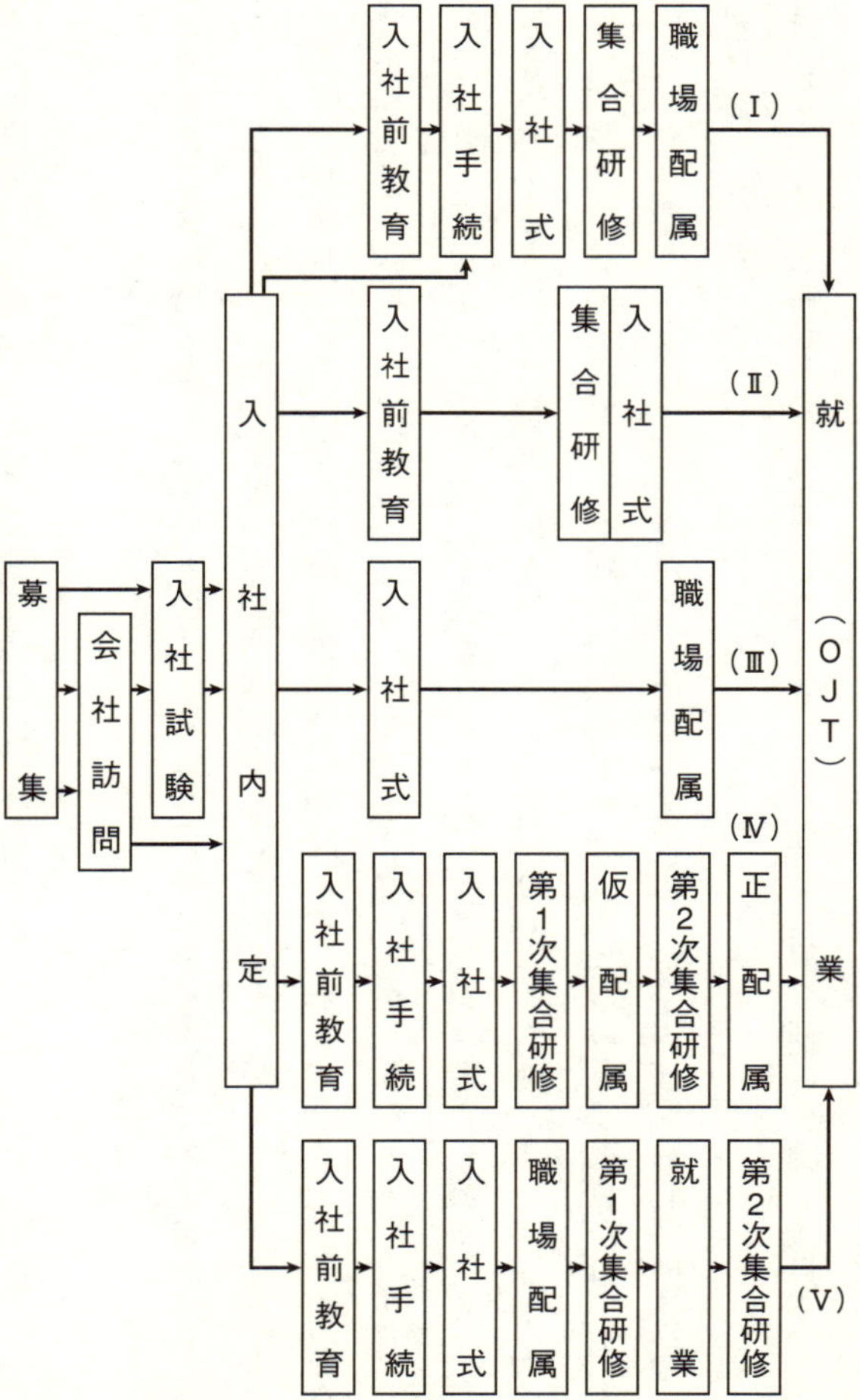

5 新入社員研修の背後には、定期一律一括採用制度があった

毎年3月6日前後を暦の上では啓蟄《けいちつ》という。冬籠りの虫が春を感じて地上に出てくる時期だ。春先のこのあたり、街や駅前、ビジネス街を歩いていると、早くも今年の新入社員と思しき若者がリクルート・スーツに身を包んで、仲間たちと歩いている光景が眼に入る。だが、虫が春を感じるように、彼らは社会人意識を感じているかどうか……。

これはともかくとして、学窓を巣立った新卒が春先に一斉に目指した企業等で新入社員として働きはじめるという、世界で例を見ないこの光景は「春の定期一律一括採用による新入社員」である。企業には数多い各種の社員研修やトレーニングがあるが、新入社員研修はだいたい各企業でほとんど実施されている。企業によっては、研修らしい研修はこの新入社員研修くらいだとか。

これほど新入社員研修が各社に普及した背後には、定期一律一括採用制度（以下、一括採用）のもたらしたものと無縁ではない。この一括採用は遡れば次のような経緯がある。

第一次世界大戦（１９１４～１８）後の不況期に、卒業を控えて職を求める大量の学生

は、個々に紹介状や縁故を頼って就職活動（以下、就活）に奔走した。各企業は押しかける学生群に辟易した。そこで各企業は申し合わせて日を決めてまとめて応対し、その中から厳しい選択基準（履歴書、成績証明書、教授の推薦書、面接、筆記試験、トップ層の最終面接など）にパスした新卒を新年度4月から採用して就業させた。これが一括採用の始まりといわれる。今から約90年前である。

もちろん、採用基準や採用方法は現在とは違っている。この一括採用は戦後の混乱期には一時停滞したが、「神武景気」（1955～57）あたりから再び復活し定着していった。このような一括採用の慣行が根づいた日本では、経済生活の充実から次第に若者は男女を問わず高学歴化していった。優れた人材を早期に確実に獲得したいという企業側（日経連）の欲求と、採用・選考活動やその後の拘束などで学業が妨げられることを懸念する学校側との間に、1953年に就職協定（大学と企業との協定）が結ばれた。

だが10月1日を選考日、推薦開始日とする紳士協定はあっけなく破られた。そこで日経連は10年後の62年にこの協定を廃止した。その後、この協定は復活されたりまた廃止されたりしながら、協定違反の「青田買い」「受験者の拘束」「選考活動のより早期化」などが行われ、96年に最終的に廃止され、今日に至っている。今では大学3年生での内定は当たり前で、2年生にまで企業の手が伸びているという。

6 新入社員の採用方法は多様化してきた

企業では設備投資と同様に、あるいはそれ以上に人材への投資も欠かせない。その重要な要因としての新入社員の確保についても、一括採用は従来どおり続けながらも、新しい採用方法を取り入れる企業が徐々に増えはじめている。

① 第二新卒の採用や募集

第二新卒とは、新卒で就職して3年未満に退職して次の職場を探している若手を指す。こういう彼ら転職組を求める会社も現われている。別の企業風土で育った人が持つ新鮮な視点や発想を会社側は期待する。

② 自由入社選択制

採用が決まっても自分で考えて研究や資格獲得に努力し、能力を最も発揮できると判断した時に（最長2年間）入社できるシステムである。

③ 配属予約選択制

応募段階で希望の事業所、研究所、部門、部署を自分で決めて応募できる制度である。

②③は社名や業種について新卒者の勝手な思い込みを防ぎ、入社してから何をしたいのかという目的意識を明確に持っている人を採用するのが、企業にも被採用者にもベストという考えから出発したものである。これによって、応募者側は希望と配属のミスマッチを減らす。反対に企業側は事業所や部門ごとの人材ニーズに対応できるとしている。

④　年2回採用、通年採用

年1回の採用では日常の業務に対応できないので、採用時期の幅を広げて春と秋の年2回という会社もある。海外の学校では日本と卒業時期が異なるので、これに合わせて秋にも採用するわけだ。

さらに産業構造や職業意識の変化とともに、労働力が流動化している現在、定期採用を雇用慣行としてきた企業群の中には、1年中採用する「通年採用」に切り替えはじめている会社も現われている。

これだけ採用形態は多角的になってきたのだが、通常の定型的一括採用では入社時期は卒業直後の4月1日である。裏返せば、各社はこれに合わせて新入社員研修の日程や内容を考慮して運営している。だが、ここに述べた非定型の採用が恒常化する時はどうすべきか。定型的採用新入社員と非定型的採用新入社員との研修の内容差、日程の差、前述の3本の柱に対する依存の度合いなどを考慮して取り組む必要があるだろう。

7 新入社員の採用と研修は唇歯輔車《しんしほしゃ》の関係にある

日本の企業では時の経済状況や景況観によって、新卒の採用基準や方法、新入社員研修の態様が異なっていることは否めない。

70年代の高度成長の時代は、〝長い目で見て将来のわが社の逸材たる人間を発掘し磨き上げる〟ことであった。研修時間と研修費にゆとりのある時代でもあった。

バブル経済最盛期の90年代前半は、中小企業以下では、人手不足による倒産という信じられないような現象が相次いだ。企業はなりふりかまわず若年労働力をかき集めた。

いわゆる「売り手市場」。企業は〝手足が動いて日本語らしき言葉がしゃべれれば、新入社員を何とか働かせることができる〟苦難の時代であった。

しかしバブル後の不況時には人員削減と長時間労働のため、〝新卒も即戦力になる人材を求める〟傾向があった。就職活動（就活）の学生は「就職超氷河期」を迎えた。

現在は毎年繰り返される新卒者の早期離職率の高止まりをにらんで〝協調性とチームワークのとれる人物の選出と研修〟に踏み入っているようである。

ここに採用活動と採用後の研修のそれぞれの難しさが生まれてくる。しかも、採用活動と研修活動の部署が違うことが少なくない。そうすると採用と研修の整合性にかけることがある。

採用担当は「とにかく人材を確保するのが大変なんだ。私たちがやっと確保した人材を使えるようにするのがあんたたちの研修担当の役割だろうが……」と目をむく。すると、研修担当はグチをこぼす。「研修しやすい優秀な人材こそすぐ使える社員だ。そういう人間を採用するのが採用担当だろうに、なぜ選出できないんだ。員数だけ集めればいいというものじゃないはずだ」と。

だからといって、採用も研修も一元的に特定の部署やメンバーに一任すればいいというわけにもいかないだろう。数十人以上の規模の人を集め研修するなど至難の業だ。

では、この方面の権威ある機関や代行業者に外注すればいいか。社内のOB・OGを中心としたリクルーターに採用業務の一部を任せるとしても、採用と研修は社内で責任を持って分担するなら、採用や研修期間中にこの部署に他部署からの臨時出向をするなどして、要員を増加して両者の間の情報交換と相互協力の緊密化を図ることだろう。採用と研修は持ちつ持たれつの、すなわち唇と歯、頬骨と下顎の骨（輔車）のように、助け合って初めて成り立つ業務なのだから（「唇歯《しんし》輔車《ほしゃ》」）。

8 新入社員の高学歴化はますます進む

１９５４年春、中学を卒業したばかりの15〜16歳の少年少女数百名が列車に乗って、東北から都内の上野駅に、九州や関西からの列車は品川駅に滑り込んできた。いわゆる「集団就職専用列車」である（こちらも一括採用と言えなくもないが……）。

集団就職列車が走りはじめたころ、農・漁村地域では中卒の高校進学は珍しかったが、都市地域では次第に高校・短大・大学進学が多くなっていった。

表1は当時の労働省労働基準局調査。全国の企業に入社した１９８７年度新卒１３８万人の学歴別内訳である。

一方、毎年3〜4月に国立オリンピック記念青少年センターで、各社に入社した新入社員の「新社会人研修村」（本年は3月8日〜4月30日）が開かれる。主催は（財）社会経済生産性本部と（社）日本経済青年協議会で、参加者は本年は３９３７名であった。この参加者を対象として「働くことの意識調査」（33項目）を両団体が実施し、毎年その結果を発表している。調査は１９６８年に実施して以来、本年で38回目を数え、この種の調査ではわが国で最も歴史がある。このうち調査表に示された参加者の学歴を**表2**に掲げてみる。

表1　1987年　全国新入社員の学歴

学　　歴	人数（万人）	%
中学卒	7	5
高校卒	66	48
専修卒	19	14
短大卒	14	10
大学卒	31	23
大学院卒	1	1

コンマ以下は切り上げ計算

表2　学　歴　別

	総数	普通高校	職業高校	高等専門学校	短期大学	4年制大学	大学院	専修学校専門学校	各種学校	その他	無回答
人	3,937	514	156	108	154	2,255	340	340	16	45	9
%	100.0	13.1	4.0	2.7	3.9	57.3	8.6	8.6	0.4	1.1	0.2

2006年「働くことの意識調査」より

9 高学歴だから「ものわかりがいい」とはいえない

前ページ**表1**の前年86年（昭和61年）には、男女雇用機会均等法が施行された。また若者を表わす言葉に「新人類」が登場したのもこの年である。そして87年には毎年次第に増加しつつあった大学・短大志願者が初めて100万人を突破した。

さて、**表1**で見ると、高学歴化しているといっても大卒以上は新人総数の24％である。中・高卒では過半数の53％を超える。

これより19年後の本年はどうか。**表2**で見るように、大卒以上は全体の66％である。普通高校・職業高校・その他の合計が18％強だから、**表1**と**表2**を対比する無理はあるにしても、新入社員の入社時の学歴は完全に逆転したといえよう。だからサラリーマン川柳にもこんな一首が登場する。「新卒を君と呼べない博士号　小心者」。

ところで、大卒以上の新入社員が増加しているから、新入社員研修でも高学歴を背景に、彼らは理解が早い、飲み込みがいい、ものわかりがいい、受講態度もよい……などと思わない方がよい。大卒以上の新入社員は在学中に「新成人」になってはいるが、大人としての分別や社会人意識を持っているかどうか、問題は別と考えた方がよい。

たとえば、新入社員集合（合宿）研修で、新入社員よりも2～3年先輩社員を新人の世話係として事務局に詰めさせている企業は結構ある。彼らは新入社員と接触して「私たちとはずいぶん違う」「こんなことはまったく常識だろうに……。これすらも知らないんだから」と驚くほどだ。私が「そういう君たちだって2～3年前は今の新人のようだったんだよ」と言うと、さもありなんといった表情で大きくうなずくのである。

だから、一連の新入社員研修が終了して職場に配属（仮配属）されても、若い世代の常識や態度と、その上の中高年世代の常識ではるかにズレが生じて、「あれで大学を出たのかい？　いったい何を勉強してきたんだ」と嘲笑されるのである。

たとえば、呼んでも「ハイ」の返事がない。ただ黙ってこちらを見るだけ。それをなじると、「知っていますよ、それは。でも呼ばれるたびに返事するのは幼稚園児みたいじゃないですか」。それこそ頭の中身は幼稚園児以下だ。そうかと思うと、上司や先輩が「じゃ、行ってくるよ」と声をかけても、後ろでペコリと頭を下げるだけ。

どう対応すべきかは知っているのだ。だが、できない。「〈知っているからできる〉というものではない。できると思っていることを、できたことにするのが研修なのだ」というマインドで取り組んでほしいのである。

10 就活は学生に会社の体質や社風を露呈する機会でもある

就職活動（以下、就活）の学生A君が志望企業を数社きめて、その中から、できればこのB社に採用されたら幸せと思ったとする。A君はさっそくB社に同社の指定した通り「資料請求ハガキ」を出したり、Eメールで請求する。印象が悪くならないように、文字は下手で苦手だけれど丁寧に、メールも言葉遣いを丁寧にしたり読みやすく適度に改行したり、文字化けしないように入力するなど努力を惜しまない。B社の担当者から「なかなかしっかりした青年らしい」と、少しでも印象に残ってくれたらいいな……と、万一の僥倖を願っていないといったらウソになるが。

次に提出するエントリーシートや履歴書も同様だ。いや、資料請求時の手続き以上に繊細かつ丁重に記入する。次のスケジュールの個人面接での自分に関する重要な情報を相手に提供するからだ。そして順序からいえば次は会社説明会、筆記試験、面接と続く。

最近の学生は進学したい学校を1校だけにしぼって受験しない。万が一の不合格があるから数校を選ぶ。いわゆる〝すべり止め〟だ。これと同じように就活も数社を選ぶのが普通である。したがって、就活の時期にはそれこそ掛け持ちで西に東に学生は飛び回る。学生にとっては今まで生きてきた人生でもっとも自分のすべてを晒け出す日々だろう。その自分が社会人、企業人として過ごす人生の第二ステージの序曲が就活なのだ。

一方、彼らに序曲を提供した企業および担当者たちは、涼しい顔で就活に奔走している学生を眺めていられると思いきや、実は学生にナマの企業イメージや社名とは印象の違う社員像、社風といったものを提供しているといえるのである。

たとえば、例を会社説明会に絞っても、学生にボロを出す会社が結構あるのだ。

ある会社では、開始時間がすでに30分以上過ぎているのに説明会は始まらない。新卒採用を初めて行う会社ならまだしも、開始遅延の理由は挨拶をする役員が到着していないというお粗末。時間にルーズという企業イメージを学生に目の前で見せつける。

また別の会社では、学生が廊下や受付できちんと挨拶したのに、係員は木で鼻を括ったような無愛想な応対。そのくせ上司にはやたらに気を遣う。説明されたことの疑問点を質問しても、きちんと回答してくれない。知らないのか、言いたくないのか。何となくこの会社には学生に伏せておきたい恥部がありそうだと推測される。

会社説明会は会社をＰＲするよい機会だが、学生に会社の体質や社風、ウイークポイントを露呈する機会でもある。１人の学生から会社評が次々に周囲に伝えられていくのだ。

11 新入社員研修中に、先輩社員の恥部を晒け出すことはないか

内定された女子社員が今日初日の内定者懇談会に少し緊張気味で現われた。目ざとく見つけた受付の女性がニコヤカに彼女に声をかけてくれた。

「いらっしゃいませ、当社の内定社員の方ですね。お待ちしておりました。このたびはおめでとうございました。会場は………です。そのエレベーターで5階の第3会議室にどうぞ。入り口に受付がおりますから直ぐ分かります」

彼女は〈すばらしい先輩だわ、私もこういうところで働きたい〉となるに違いない。

というのは、彼女が他の内定先で別の日に呼び出しがあったので出かけたところ、エレベーターの中で先輩女性と思しき2人がペチャクチャ会話。目的階で降りて廊下を歩いていくと、男女3人の社員が彼女の前をヨコ1列に広がって闊歩していた。

彼女はこの2つの会社の社員模様を目や耳にしたので、実社会はずいぶん社員の行動に優劣があるものだと見比べて驚いていたのである。

事は内定者懇談会（入社前研修の一コマ）ばかりではない。次段階の集合研修でも目に

することができる。会社とは別の施設での合宿研修なら少しはボロを隠せるが、社員たちの働いている本社や研究所、工場などで、そこの会議室での研修の場合、休憩時間やトイレなどは新人たちにとって社員たちと触れ合う機会でもある。今まで習った「職場のマナー」とは異質の社員の行動を、自分の目で確かめることができるのである。

トイレでのガムや喫煙。喫煙場所の指定を無視して階段の踊り場での喫煙。女性トイレでの女性社員の長話。洗面所使用のあとの洗面台の乱雑なこと。会社に憧れていればいるほど、新入社員たちは裏切られた想いは強い。「先ほどの総務課長の〝職場のマナー〟という講義とスライドは、先輩社員たちには不要なのだろうか」と。

集合研修が終わって緊張と不安の中で職場に配属になった時も、入社の悲哀を知らされることがある。「自分に理解できる実務だろうか」「先輩は優しく教えてくれるだろうか」と胸を痛めている時、休憩時間に先輩の無慈悲な言葉が新入社員の胸をえぐる。

「どうだい？　集合研修でしぼられたかい？」

「ハイ、結構きびしかったです。みっちりやられました」

「フン、人事や研修課は甘いからなぁ、現場は違うぞっ！　でもな、上手な手抜きの方法があるんだ、いずれ分かるよ」

新入社員のヤル気はこれで霧散する。ここは自分の居場所ではない、と。

12 新入社員研修の前に、先輩社員の「棚卸し研修」をどうぞ

棚卸し（店卸し）とは、決算や整理のために在庫の商品・原料・製品・仕掛品などの種類・数量・品質を調査して、その価格を評定することをいう。早い話、在庫調べである。

一方、対象が商品・製品などではなく、社員の業績・能力・情意（ヤル気、協力、気くばりなど）の評価、いわば社員の〝在庫力〟をチェックすることを人事評価あるいは人事考課といって、昇給・賞与・昇格・配置転換などに反映されることはご存知のはずだ。

ところで、ここでいう先輩社員の「棚卸し研修」というのは、社員たちが1日の仕事が終わったらミーティングを開いて、自分たちがついうっかりしていて、本来なら先輩として保有していなければならないはずのマナー、言葉づかい、態度とは違う面を表わしていないか、職場の諸規則に違反した行動をしていないかなどを話し合って、職場における先輩のデメリット部分を改善するよう努めていくことをいう。就業後でなく、朝礼で実施してもよいだろう。研修といったが、改めて人事部や社外の専門家から講義してもらうことではない。相互学習ということで研修といったので、「棚卸し学習」と言い換えてもよい。

得てして新入社員の採用と研修は人事・勤労・研修・厚生部門や部署の所管事項なので、それ以外の部門は「ああ、また新入社員の時期だな、もう1年たつのか」などと、あまり関心を持たないかもしれないが、数カ月後には先輩社員の下に配置されるのだから、新しい戦力の参加を全社的問題として考えたいのである。

そうすれば、ミーティングの中で反省すべきこともあるだろう。相互学習の結果、新人が見たら恥ずかしくなるような先輩の行為（37ページ）も見せなくて済む。

新人が入社して3～6カ月たったころ、よく聞かれる声がある。「せっかく手を変え品を変えて新入社員研修をしたのに、いつの間にか現場や事務所、営業所のよくない先輩にすっかり同化してしまった」と。随筆家の幸田文《こうだあや》さんの言葉に「子どもは親の言ったとおりしないが、しているとおりにはなる」という明言がある。つまり、子どもは親の後ろ姿や背中を見て育つということである。職場が例外ということはない。新人は身近な先輩をモデルとして、職場でよいことよりもよくないことを、先輩の立ち居振る舞いから身につけ同化していく。よくないことを身につけるには努力は要らないからだ。

こういう弊害を事前に避けるために、新人の入社前研修、集合研修に取りかかる前に、先輩社員の見直し研修（棚卸し研修）を実施して、先輩自身に「あるべき自分」を得てもらいたいのである。

13 各研修は互いに関連させる

各研修とは21ページに述べた新入社員研修3本の柱をさす。このそれぞれが関連づけられて運営されてこそ、新入社員研修を効果あるものにするのである（図2）。

私がある企業の入社前研修、すなわち内定者フォローの社外講師として12月のある1日を担当した。入社前研修は10月の内定式を含めて9月から毎月1回1日ずつ合計7日である。人数は新人予備軍50名ほど。翌年3月中旬に同じ企業の集合合宿研修も社外講師として1日受け持った。こちらの研修は10日間であった。内定者研修は本社の近くの市営の文化会館で、集合合宿研修は静岡県の「国立青年の家」で実施した。内定者研修の主管部署は採用を担当した総務部厚生課で、集合合宿研修は人事部研修課であった。

私としては両部署の間に新入社員研修をめぐってコミュニケーションがうまく取れていると思ったが、3月に伺ってみると前年12月に実施した内容は事後報告の形で人事部長あてには伝達されていたが、こまかい内容や問題点は伝えられていなかった。おそらく私の推測だが、採用は総務部の担当だから、〈内定や内定者研修は総務部で処理しましょう。

だが集合研修は人事部で頼みますよ〉、〈はい畏《かしこ》まりました〉で了解し合った結果、相互に干渉しあわないムードが生まれたのではないだろうか、と思った次第であった。事実、その通りであった。

図2　各単元を関連づける

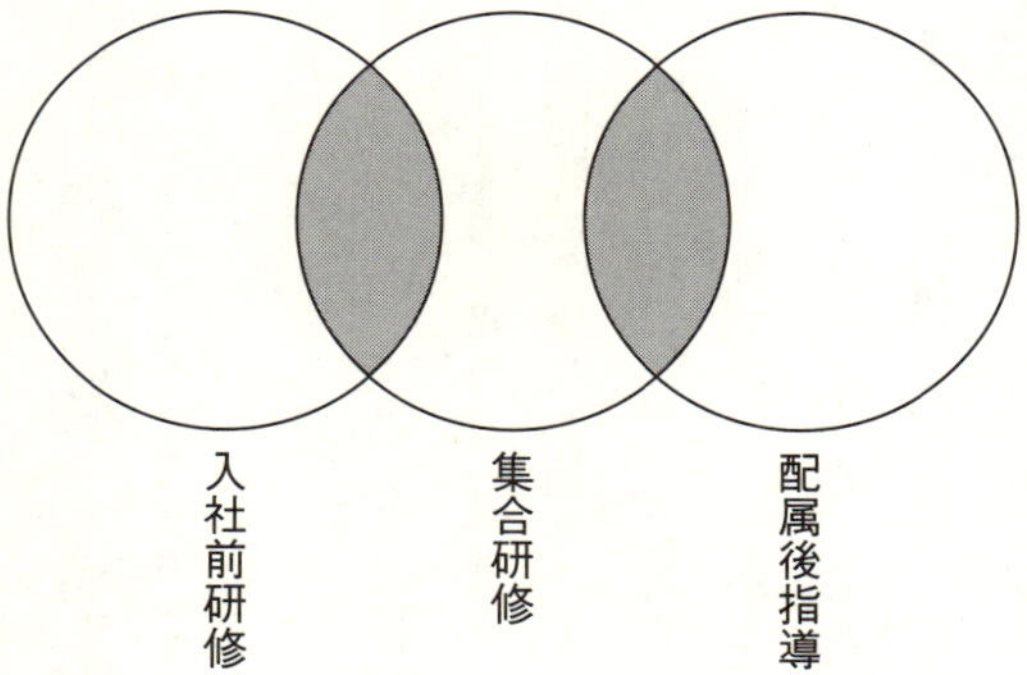

もし互いに研修を関連づけてあれば、実施中に相互に見学し合ったり、意見を求め合ったり、それをまた実施中の学習に取り入れて、より効果的な学習ができる。ところが、それぞれ担当主管が違うからといってわれ関せずでは、最も困るのは最後の配属後指導のＯＪＴだ。

なぜなら、新人は配属後は数名ずつ各部署に移動する。そこでの担当者は現場の人たちだ。内定者フォローも集合研修にもタッチしていないことが多い。新人の受講した内容に沿ったり、新人の理解力を把握することができるだろうか。気の毒なのは新人だ。教えられたという実感よりも押しつけられたという被害意識が先に立つ。

14 わが社の「新入社員研修度」をチェックしてみる

昨年までに実施した新入社員研修を過去に遡って、その各度合いを次のチェックリストで調べてみよう。昨年はどうか？　一昨年は？　できれば3年間ほどのリストがほしい。各項目の問題点の流れが描けて、本年の参考になるはずだ。

【問1】新入社員研修の成果は日常の業務に反映、活用されているか？

①十分にされている　②かなりされている　③まあまあされている方だ　④あまりされていない　⑤まったくされていない

【問2】新入社員研修を受けた受講生の評価はどうか？

①非常に高い　②かなり高い　③普通　④かなり低い　⑤非常に低い

【問3】先輩社員や直接の上司の要望を研修に取り入れているか？

①非常に数多く取り入れている　②かなり取り入れている　③まあまあ取り入れている方だ　④あまり取り入れていない　⑤まったく取り入れていない

【問4】新入社員研修に対する管理者や役員の意識はどうか？

①非常に高い　②かなり高い　③普通　④かなり低い　⑤非常に低い

【問5】「仕事を通じての研修（ＯＪＴ）」という意識は職場に定着しているか？

①十分に定着している　②かなり定着している　③まあまあ定着している方だ　④あまり定着していない　⑤まったく定着していない

【問6】配属後指導の成果は上がっているか？

①十分に上がっている　②かなり上がっている　③まあまあ上がっている方だ　④あまり上がっていない　⑤まったく上がっていない

「温故知新」という言葉がある。昔のことを究め古い事柄を復習しながら、新しい知識や道理を見つけること、また過去の事実とともに現実の事象を認識することをいう。

よく「これからの組織は……」「これからの貯蓄は……」「これからの働き方は……」などの表現がマスコミに載るが、〈これから〉は、今までのことを取捨選択したり、活用したりしてはいけないのか、従来のことをすべてキッパリ捨て去ってすべて新しいことで充満していなければいけないのか。だが、人間そんな器用に今まで準拠していたことを簡単に葬り去ることができるのだろうか。古きものの中にも現在の存在価値、存在理由のあるものはいくらでもある。新入社員研修然《しか》りである。ここに取り上げたチェックリストで過去のそれを検証してみて、現実に照応させてはいかがだろうか。

15 1〜3年先輩社員の意見を徴収して、研修を活気づけよう

新人は入社前研修（内定者フォロー）に始まって集合研修、配属後指導に至るまで、一緒に研修を受けている同期生の仲間は別として、研修中に触れ合いを持ったのは、研修担当の事務局員、社外講師、社長や幹部社員、社内講師として講義や実習を受け持つ部課長等である。この人びとに共通していることは彼らはかなり年上ということだ。

宿泊研修にでもなれば、さらに接触する範囲は限定される。5日〜1週間以上の宿泊では下界（一般社会やネオン街）とは隔絶させられている上に、接する人は仲間を除いてすべて年上。彼ら新人に悪気はないのだが「まったく息が詰まるヨ」なのである。

学生時代は教室やクラブ活動以外の自分の動きに結構、自分と同世代の人との接触があった。アルバイト、ショッピング、喫茶、往復の街での見ず知らずの人との接触など。こういう接触を通じて結構、息抜きやストレスの解消、談話による疲労回復などがあった。

そこで、さまざまな新入社員研修に同世代に近い先輩社員（1〜3年前入社）を同席させて、研修ムードを換えてみたらどうだろうか。だからといって、彼ら先輩に机を並べて

新人と同じ課目を学習させるわけではない。ショッピング街やビジネス街では暦の上の記念日を活用して、歌手、芸能人、プロスポーツマンなどに「一日動物園長」「一日消防署長」などを委嘱して、催しの意義を高めたり、関心を持ってもらうように努めている。

これとは意図は違うが、先輩社員が新入社員研修に堂々と出席して、後輩の新人を勇気づけたり、やる気にさせてほしいのだ。〈なるほど、先輩のようにやればいいのね〉とか、〈そうか、この先輩は出身校は違うけれど、結構オレと同じように最初は悩んでいたんだな。今のムードを見るとまるでウソみたいだ。何かオレにもできそうだ〉など、勇気を与えたり、動機づけを図ってほしいのである。

だが研修担当者の一存で、勤務中の先輩社員を1日（半日）研修場所に隔離するわけにはいかない。この研修内容や課題は部課長や社外講師が担当するよりも、先輩社員が受け持った方が適任だと研修責任者が納得する理由づけが必要である。

そのためには研修開始のかなり前に、先輩社員に次のようなアンケートをとることをお勧めしたい。「○○研修に□□□□を入れてほしかった。そうすれば△△△△になっていた」。○○とは3本の柱の研修名。□□□□は研修内容やタイトル。△△△△はその結末。たとえば「直ぐ職場に溶け込めた」「気を使わず挨拶できた」など。研修成果が確認できるなら、前例に捉われすぎる研修責任者でも気持ちが動くはずだ。

第2章
入社前研修（内定者フォロー）のあり方と実践

16 入社前研修は内定通知から始まる

会社は内定者を決めるまでに**表3**のような手続きを踏む。もちろん、業種や会社の人事制度によって違う面はあるが、内定までの流れには大きな違いはないはずだ。

K生命保険会社の人事部は昨年10月上旬に手分けして、一斉に内定者の家に内定決定の電話を入れた。A君も指示された30数カ所の家に片っ端から電話を入れたところ、ある家でこんなやりとりがあったという。受話器を取る音とともに母親らしき女性の声――

「ハイ、○○ですが……」

「こちらK生命保険人事部の……」

全部言わないうちに先方は押しつけるような調子でA君を遮った。

「あ、うちは保険なら入っていますので」（あとはものも言わずにガチャリ）

○○さんと違って、△△さんは次のような対応だったという。

「こちらK生命保険人事部のAと申します」

「あ、△△でございます。△△□雄の母でございます。このたびは□雄がお世話になり

ましてありがとうございました」（電話口の向こうでは少し緊張しているらしい様子）

内定通知をまず電話で連絡するなら、その連絡先を学生が提示した携帯電話やメールアドレス以外に、自宅の固定電話番号も記入してもらっておくと、本人の就活の内容や就活先の会社が家族にどのように伝えられているかが分かる。反対に、企業は内定者の親・兄弟の態度やマナーの程度が分かる。

表３　内定を出すまでの会社の手順

① 応募者受付
↓
② 応募者訪問カードの記入
↓
③ 会社訪問者一覧表の作成
↓
④ 会社説明会案内状の作成、発送
↓
⑤ 採用担当者による会社説明会実施
↓
⑥ 入社試験の通知書作成、発送
↓
⑦ 面接実施の通知
↓
⑧ 面接対象者の一覧表の作成
↓
⑨ 第一次面接の実施
↓
⑩ 第一次面接評価表の作成
↓
⑪ 受験者（被験者）順位表の作成
↓
⑫ 第二次面接対象者一覧表の作成
↓
⑬ 第二次面接対象者の呼び出し
↓
⑭ 第二次面接の実施
↓
⑮ 第二次面接評価表の作成
↓
⑯ 面接以外の諸テスト実施
↓
⑰ 総合的な被験者順位表の作成
↓
⑱ 内定者選定（内定者一覧表作成）
↓
⑲ **内定通知**
↓
⑳ 内定者管理スケジュールの作成

17 あなたの会社の内定用語は何？

バブル経済最盛期の平成02〜04年の就職戦線は完全に「娘一人に婿八人」の売り手市場で、会社側は学生に振り回されていた。とにかく新卒予定数を確保しなければ、新入社員採用担当者は自分のクビが飛ぶと殺気立っていた。だから、業界の申し合わせなど何ほどのことがあろうかとばかりわが社に新卒を囲い込むため、早々に各社は〝内定殺し文句〟に頭を絞った。その幾つかを取り上げてみる。

「ウチにはハッキリした内定という言葉はない。誰かが来いと言えばそれが内定と思ってもらって結構です」

「これがいわゆるアレです」（該当者を呼び出して告げ、最後にニッコリ笑って握手）

「残りの学生生活をエンジョイしてください。何のことか、もう分かりますよね」

「時期が時期だからハッキリしたことは言えないが、キミの考えているような重みを持ったものだと、今日の最終面接は考えていただいていいでしょう」

「キミのような人と仕事がしたいですね。この後もずっと当社とコンタクトを取り続けてくれますね。信じていますよ。ご両親に安心されるように伝えてください」
「ウチは信頼関係を最も大切にしてきました。他社はハッキリと断ってもらいますよ」
「もう他の就職活動をやめてくれますね。ここでそれを誓えますね」
「キミには他のどの会社よりもウチが一番似合っていると断言します」

歯の浮くような言葉、ズバリ突きつける担当者、含みのある表現をする会社などバラエティに富んでいる。この時代、会社は予定数を確保するのに必死だったのだ。でも、これだけ嘱望されて入社しても、会社の体質や職種、職場の人間模様にミスマッチを味わって離職する新人が跡を絶たなかったのである。

この後、日本経済は不況期に陥り、未曾有の「就職氷河期」を迎え、やっと昨年あたりから巡ってきた久しぶりの好景気。求人事情も好転し、再び１人で５～６社の内定を獲得できる状況になった。そこで内定を告げたり匂わしたりする殺し文句がまた必要なのか、それとも淡々と事務的に事を運ぶのがよいのか、それでわが社に落ち着いてくれるのか、他社の担当者の言葉に魅力を感じてそちらにエスケープするのか……。

化粧品のＳ社は春に内々定を出すと人事課長が全国を回って１人ずつ面談する。すると「自分のどこが、どのように評価されたのか」という質問が圧倒的に多いという。このあたりをハッキリ伝えることが内定者、内々定者を掴んで離さない惹句になるのではないか。

18 入社内定者も悩みがある——内定ブルーにどう応える？

「内定6個もらったよ」「シューカツって、意外にラクチンだね」。来春（07年）卒業予定の学生たちが就職活動を綴るブログに、こんな体験談が溢れている。数年前までの「氷河期」騒ぎは遠い昔だ（06・7・14、『日本経済新聞』「春秋」欄）。

内定6個とは内定が決まった会社が6社ということで、彼が厳しい選考と評判の6社を受けたのなら、勝率100％で優秀な新入社員予備軍だ。12社受験したのなら50％、それでも2社に1社は合格しているのだから、こちらもまあまあといえるだろう。

今春（06年）春の高校卒業予定の高校生の就職内定率は、厚生労働・文部科学両省の調査によると、92・8％で、過去4年連続で上昇している。また今春に卒業した大学卒の就職内定率は95・3％で、過去最高の水準であると厚生労働省は発表し、併せて「企業の経営改善が鮮明になり、間近に迫る団塊世代の退職問題が企業の採用意欲を増した」と分析している（06・5・13『朝日新聞』）。

さて、こうなると大変なのは企業の採用担当だ。重複内定者をわが社に囲い込むのに必死である。自社で優秀と折り紙つけた学生は、他社でもぜひ当方で働いて欲しいと喉を鳴らしているはずだ。さまざまな選考の後、やっと白羽の矢を立てて内定通知まで送ったのに、メールで事務的に次々に内定辞退を伝えてくる。いったい、どの会社が彼らを獲得したのか、それともわが社の内定の時期や仕方に問題があるのかと考え込んでしまう。

就職協定は廃止されても、内定通知は10月1日以降と了解事項がある。だが、企業は早く採用の意思を伝えて囲い込みたいために、「内々定」（仮内定）という形で学生を縛りにかける。早い会社ではそれが3年生の2月頃にもう出るという。たとえば来春（07年）4月入社とするなら、3月が卒業式。本年（06年）4月から4年生。だから2月に内々定が出るということは、実質的に就活は3年生の終わり頃にはもう済んでいるといえる。4年生の春には翌年の就職先が決まっているという大学生が多いということ。そしてこのことは学生には「エンゲージブルー」に似た「内定ブルー」現象を起こすのである。

（注）エンゲージブルーとは、婚約した女性が結婚生活への不安、婚約者選択についての後悔などで気分が塞ぎ込む現象をいう。

すなわち、卒業後に内々定や内定した会社で自分はやっていけるだろうか、もっと自分の性格や気質に向いた会社は他にあるのではないか。でも今からまた就活に走り回っても希望通りの会社があるかどうか、などと思い悩むのである。

19 内定者が決まったといっても会社は安心できない

「私は○○工業に入社したいので、他社を志望するつもりはありません。もし内定されなかったら1年留年しても、来年また○○工業の選考を受けるつもりです」

「私は卒業後に社会に出たら……の方面の仕事で活躍したいのです。それには□□化学がピタリと考えますので、他の会社には興味はありません。もし選考から外れたら、契約社員でも派遣社員でもいいですから、どうしても□□化学で働きたいですね」

こういうように、しっかり目的を持って就職戦線に参加する人は素晴らしい。だが大部分の学生は、自分の職業観、志望会社の業種、ビジョン、経営規模などの分析に基づいての就活ではない（といったら言い過ぎか）。就活側には次のような声がある。

「入社する、しないは別として、内定が出るならとりあえずもらっておく。その方があとで他の会社に入れない時は役に立つからね」

「友人が企業研究でY社を訪問したら、即面談—面接—簡単なペーパーテスト、そして帰りには即日内々定（仮内定）だったので、私もその線で行動して、くれるなら一応もらっておいて、他も見てみるつもりだ」

「いま内定している会社よりもいい会社があるはずだから、とりあえず滑り止めに何社か内定をもらっておいて、本命の会社にこれから全力を注ぐつもりだ」

就活側の「くれるならもらう」という、街角や駅出入り口周辺で配られるティッシュを受け取るような感覚の内定観。内定イコール契約という観念でなく、軽い口約束という感じでの内定受諾である。一方、ここ数年のように求人事情が好転したのと、来る者は拒まずという安易な企業側の採用行為が、相互に拘束性のない重複内定、多重内定を多発させている。滑り止めに選択された会社は、新入社員を即戦力として歓迎できるのだろうか。

さて、内定式や一連の入社前研修が終わって、来春入社予定者の人数がほぼ確定したとする。これで会社はひと安心というわけにはいかない。入社予定者の中には就活に失敗したため、「ここにしか内定できなかった」「ここでもしょうがないから内定をもらった」という潜在的な不満足就職組も少なくない。巷では年明けの3月まで求人している企業も少なくない。チャンスがあればそちらに乗り換えられる心配もある。

ここで無視できないのが両親の影響だ。学生が正月休みに帰郷して、就活の実情やら内定先企業のプロフィールを説明すると親から反対の声が上がり、正月後に別の会社を探すことに狂奔する。正直、入社式を迎えてみなければ新入社員の動態はつかめないのである。

20 内々定や内定以後に、学生を放っておくことをしない

就活でまず採用側はエントリーシートや履歴書の分析、入社説明会や面接、筆記テストなどの選考で応募者をふるいにかける。その時、人事の権威者や面接のベテランが唸るほどの逸材でなければ、すぐ採用の意思は伝えないものだ。そのかわり、〝可もなく不可もない、どちらかといえば可に近いようでもある〟なら「内々定」として、採用という軌道に乗せていくようである。

そして10月1日以降に文書や口頭（電話）で採用の意思を伝える。これが「内定」で事実上の採用決定だ。後日、会社は内定式を開催して一人ひとりに内定通知書を渡して「内定承諾（承認）書」や「誓約書」に署名・捺印してもらうのが今日の一般的傾向のようだ。

この間、彼ら内定者はまだ学生だから学業の最後の追い込みに入る時期だ。普段のアルバイトにも従事していることだろう。内々定や内定から入社までは半年以上の期間がある。その間に不安や迷いも生まれるだろうし、他社に気が向いてしまうこともあり得る。さらに、この期間中に内々定や内定された他社に研修と称して強引に引き抜かれる例もある。

こういうことで、企業が学生を確保するのは結構不安でもあるし難しい。

一方、学生にも不安や焦燥がある。それは内定あるいは内々定された企業から、何のコンタクトも情報もないまま放っておかれることだ。

ある気の弱い学生の話だが、内定の通知はもらったが、その後、全然音沙汰ない。気が弱いために会社に照会もできない。照会したら、こういう疑心暗鬼の新卒は要らないと見られて、かえって内定取り消しになるのではないかと独り悶々と悩んでいた。その矢先に会社から社内報や近況を問う人事部長のレターが届いたのでホッとしたという。

知ってしまえば双方の笑い話で済むだろうが、案外、企業側が考えるよりも学生は小心者が多いのかもしれない。

商品開発力で定評のある食品工業のC社は、内々定や内定を伝える時に必ず入社するという確約の即答は求めない。会社は「親や友人たちに報告、連絡した後で返事しなさい」と言う。こうすると、10人中に1～2人は他社を選ぶべきかどうかで悩んでいると打ち明けてくるという。そういう学生の相談に乗ることで、互いにいい結果が得られるという。

入社すべきか、拒否すべきか、こういう学生と採用を予定している企業との間に、実際の入社予定日までの間を取り持つ集いや情報交換、基本的な仕事の知識、社会人としてのマナーといったものを展開するのが「入社前研修」（「内定者フォロー」）である。

21 入社前研修（内定者フォロー）はどんなお膳立てが必要か

気が早いというか、他社に鞍替《くら》えされたら困るのか、内々定を決めた段階で間を置かずにさっそく学生とコンタクトを取りはじめる会社がある。翌年春の入社までまだ1年近くあるのに。内々定者にとってみれば、「そんなに私は魅力的なのか」とは絶対に思わない。今から1年近く私を拘束して何をさせるのか、とかえって警戒心を持たれる。

内定者、内々定者はこれから半年から1年近く最後の学業の追い込みに入る。単位の完全取得、卒論準備、卒業旅行……。これらを無視するかのような盛りだくさんの学習では、「今からこんな調子では入社したら大変だ」と、内定辞退にも繋がりかねない。

反対に、「入社前に研修しても時間つぶしでそれほどの効き目はない」という会社もあるが、時間つぶしの内容が多いから効き目がないともいえる。では、入社前研修ではどんなことが学習内容にあるのか、次に列挙してみる。

（1）内定式――80ページ参照

（2）内定者懇談会――内定者同士が知り合い同期生意識をつくる。毎月（隔月）1回

（3）工場、販売店、ショールーム、配送センター、研究所、見本市等の見学
（4）教養講座（有名人を招いての講演会。内定者懇談会と併用も可）
（5）社長・役員と懇談――質疑応答、あらかじめ提出しておいた質問への回答等
（6）社内行事への参加――企業には年間を通じて社内行事が多い。交通安全運動、各種表彰式、創立記念式典、展示会、各部署の朝礼、忘年会……。これらに参加してもらって会社の側面を知ってもらう
（7）情報提供――社内報、定期刊行のＰＲ誌、社史、カタログ、自社や業界の掲載されたマスコミ誌を送付して親近感を持ってもらう
（8）通信教育――自社版あるいはビジネス研修団体版によるものの受講
（9）レポート提出――会社からのレポートや簡単なテストに解答させる
（10）知識・技術の援助――昔ならペン習字、そろばんを学習させることが多かったが、現代では車の運転、パソコン技術、語学習得、資格獲得などだろう。これらを獲得したり充足するための援助をする

新入社員研修担当者としては内定者に実施したい内容は多いはずだが、彼らはまだ学生である。学生という立場を尊重して入社前研修を実施したい。彼らに〝一肌違った感じのよい面倒見のよい会社〟という印象を植え付けてほしいものだ。

22 仕事の主人公になるポイントを体得させる

宇宙ステーションでの仕事から海底の仕事まで、国際金融市場の仕事から地域社会のボランティア活動まで、人間はさまざまな分野で仕事を遂行しているが、どんな仕事であれ共通のポイントがある。それを入社前研修で学生に説いてほしい。そのポイントとは、

（1）仕事には「期限」（「納期」）がある

指定された期限、確約した納期に遅れる仕事ぶりは、仕事ではなく遊びに等しい。

（2）仕事は「結果」がものをいう

「アイデアは良かったのだが、やってみたらうまくいかなかった」は、本当にアイデアはよかったのか。結果で評価されるのはビジネスでもスポーツでも同じである。

（3）仕事には「手順」（「段取り」）がある

段取りとは最も効率的な仕事の進め方や順序、動作の仕方をいう。手順を無視した仕事は「期限」に遅れたり、期待した結果を生まないことが多い。

（4）仕事は「原価」がかかっている

原価とは製造費、事務費、仕入れ値、開発費、宣伝費などで、できるだけ原価を抑えるように努力する（ムダを出さないようにする）のが仕事の進め方のひとつである。

（5）仕事は「協働」（「チームワーク」）である

仕事はサッカー、野球のように集団プレーが少なくない。1人で仕事を担当していても、それは前工程を引き継いだり、後工程に渡すものが多い。自分の役割を果たすために他人の協力が必要になる。職場とは他人の協力を前提とした結合体である。

さて、以上5つのポイントを、今からいろいろな日常の活動で捉えさせてほしい。たとえば、「卒論」の完成も仕事と捉えさせるなら、卒論はいつまでに提出するのか（期限）、その内容は読み応えがあるか、内容を裏付ける情報や論理は正しいか（結果）、その内容を構成するためにどういう手順で取り組むか（段取り）、完成までにどれほどの資料代や文具費、交通費等がいるか（原価）、卒論で誰かに応援を頼む必要はあるか、そのとき誰と誰にどういう形で協力してもらえばよいか（協働）などである。

学生時代に行き当たりばったりや無計画で何事にも取り組んできた者や、ポイントを押さえずに実施して成果を上げなかった者には、社会人の仕事の見方、考え方としてのよい栞《しおり》になるだろう。もちろん、本章で示した入社前研修の各項目も仕事と考えて、その取り組ませ方にもこのポイントを当てはめて実施したい。

23 父兄懇談会、父兄通信も喜ばれる

子どもは自分の選んだ会社が適職と考えていても、子どもに対する研修投資の結果が、「苦労して大学や短大まで、学費やアパートの家賃、生活費まで出してやったのに、その挙句が問屋やスーパーの売り子、トラックでの配達、一般家庭訪問のセールスでは……」と考えている親（とくに母親）にとっては耐え難い問題なのだろう。

こういう親に限って内定先企業や職務内容、勤務地などを、知名度や自分の狭い経験範囲、世間体で判断、評価しがちだ。ましてインターネットの活用や採用の多様化（26〜27ページ）などで、就職戦線は様変わりなのだ。だから、心優しい子どもは「親が反対するのでせっかく内定していただきましたが辞退させてください」と言わざるを得ない。

就職先を巡って親と子の心の乖離は、子どもは〝やりがい〟を標榜するのに、親は〝安定〟を掲げることにあるようだ。それとも、子どもは〝チャレンジ〟と考えているのに、親は「公園デビュー」「お受験」「お入学」の延長線上の「お入社」を夢見ているのか。

そこで企業によっては、人事・採用担当者は会社資料や商品サンプルなどを親あてに送

って説明し、親とのコミュニケーションを図って乖離を埋めようと努力している。

親との接触を心がけるなら、さらに一歩進めて、一つは内定者フォローの一環として秋の「内定式」と一緒に「父兄懇談会」を開いたらどうだろうか。席上で会社トップの会社概要や抱負、社員育成観を聞いてもらう。もう一つは一連の入社前研修が終わる早春2～3月頃だ。「内定者は大人なのだから、親にそこまでしなくても……」という考え方もあるだろうが、出欠席は親の自由判断に任せればよい。

企業によっては、その業種の社会的評判から、入社後の定着対策として親とのコミュニケーションを図る。子どもは入社後の夢を描いて張り切っているのに、親がいい顔をしないことが意外とある。会社として「子ども自身の人生だからじっと見守る視線が大切」「子どもを信じて親の価値観を押し付けないように」とクギを刺す必要もある。

あるいは、父兄懇談会の代わりに、会社からの「父兄通信」を送る手もある。内容は、内定者との連絡や情報交換を主とした「入社前通信」に、親あての懇望や依頼を綴ったものでよい。とくに子どもが一人住まいの生活なら、親としては「○○会社に内定したと連絡があったけれど、今頃は会社とどういう接触をしているのか」と心配になるものである。携帯電話で子どもに連絡しても、「まあ何とか順調だから心配しなくてもいいよ」と、軽くいなされる。親の杞憂を軽くする「超ミニコミ紙」と考えればよい。

24 eラーニングを活用して実務の基礎を学習させる手もある

インターネット（以下、ネット）の進歩はまさに日進月歩というほど著しい。現在ではネットのないビジネス、個人生活、文化、情報収集は考えられない。ネットバンキング、ネット証券、ネット広告、ネット直販、ネットオークション、ネットカフェ、ネット書店、ネットコミュニティ……等々。

ネットを活用した研修も次第に普及してきた。「eラーニング」といわれるものだ。家が遠いため毎日授業に参加できない学生や、自分の自由時間を活用して効率よく学習したい社会人、キャリアアップを求める管理者等のために開かれた制度である。

学内に「e大学」を設け、webテキストやネット講義を提供している大学もある。登録した社会人や学生がそれぞれの端末を通じて遠隔授業に参加する。学びたい時にいつでも、どこからでも、というわけだ。パソコンや携帯電話を使って、いつでも、どこでも、学ぶことができるばかりか、双方向性を活かして講師や教務担当者との質疑応答や事務折衝もできる。

さらに、電話は携帯電話、文書はメールが主となっている現代の若い世代にはお誂《あつら》え向きの学習媒体だから、eラーニングを活用しない手はない。彼らも学習するのに抵抗はないだろう。59ページで取り上げた通信教育や知識・技術の援助を入社前研修に組み込むなら、外国語を必要とする企業ではeラーニングを活用してはどうだろうか。

昔なら「読み、書き、そろばん」という基本能力は通常、指導者と学習者が対面しての研修法であった。現代社会では次第に、読み、書き、そろばんはパソコン能力に変わってきた。パソコンが駆使できて当然の時代になってきたのである。

情報・通信サービスのN社は3カ月間の入社前研修の中に、体面学習に代わるものとして、eラーニングで自宅や大学内でワードやエクセル操作、プログラミングの基礎を学ばせている。進捗に応じて激励や催促、質疑応答のメールが会社から届くという進行である。

ゴム製品のY社は内定発表から翌年3月までの6カ月間、入社前研修の一環として、大部分の学生が日ごろ持ち歩く携帯電話を使って、日常、基本的なビジネス・マナー研修を実施している。学生たちは携帯で指定されたサイトにアクセスして、月ごとに設定されたテーマに取り組む。長丁場のeラーニング履修率も毎月96％に達するという。

学生時代とはムードも内容も異なる企業での慣れない研修も、慣れ親しんでいる機器を活用すれば、取り組みやすく抵抗や疲れも感じないのだろう。

25 「常識」も学ばせる時代になった

常識とは誰でも持っている（持つことを必要とされる）知識・理解力・判断力・思慮分別・礼儀・態度などである。こういう社会的な基本常識にプラスして、さらに男か女か、若いか年寄りか、勤め人か学生か、どんな業界で働いているのかといった属性によっても求められる常識は異なってくる。

一方、「永田町（霞ヶ関）の常識は国民の非常識」などと皮肉られている現象もある。当然、「学生時代の常識は企業人の非常識」になることはあるわけだ。また、時代の変化でかつての常識（非常識）が現在では非常識（常識）になったり、黙殺（黙認）されているのもある。このままずっと常識（非常識）であり続けるものも存在する（**表4**）。

さて、一連の研修中に「非常識な！」「こんなことは常識じゃないか」「常識知らずなことを言わない方がいいよ」などと一喝することはやめたい。言われた当人は疎外された寂寥感を持つ。たび重なれば自信喪失に陥る。かつてはビジネスや社会の常識は実社会で鍛えて覚えさせるものだったが、得々として常識論を展開している先輩や幹部が意外にも間

表4　常識は変わる

過去　→　現在	例
①常識　→　常識	出退社時のあいさつ、社外の人には社内の人は呼び捨て、励ましの叱責
②常識　→　非常識	仕事中のくわえタバコ、会議や飲食中の喫煙、女性社員のお茶だし・コピー、年功序列
③非常識　→　常識	デキチャッタ婚、カラーシャツ、男性の育児休暇、クールビズ（ノーネクタイ）、長期休暇取得、離婚
④非常識　→　非常識	忘年会・一杯飲み会等に理由なく不参加、上司・先輩に「タメ口」、膝に穴の開いたジーパン、髭を剃らない

違っていたり、常識はずれだったりすることがある。それをあとで知ってバツの悪さを味わったり、自分も古い人間になったと自重気味の寂しさが漂ったりしていて……。

こういう懸念があるなら、まずは常識を知識として「学ばせる」ことをしたらどうだろうか。「常識力検定試験」（主催は日本常識力検定協会）を入社前研修に取り入れてみるのもよい。もっとも、ビジネスや社会の常識は状況に応じて正解は異なってくるものだが。

26 ユニークな入社前研修で企業人意識を盛り上げる

新規学卒者の採用選考が早まり、入社予定の1年前から9カ月ほど前に内々定や内定が決まってしまえば、学生は入社までの長い春に「いいのだろうか、この会社で」「もっと他の会社も当たってみた方がいいのでは……」と、つい心が揺れるものだ。

印刷業大手のT社は昨年8月、ある事業部で社内恒例の「ビール祭り」があった。内々定者15名は（早い学生は4月早々に「内々定」が出る）かねて3チームに分かれて、会社名を入れたデザインのタオルをつくりあげたが、この集いに出席して従業員300人あまりに披露し、ヤンヤの喝采を浴びた。会社側は「社員と直接触れ合い、入社前から会社の雰囲気を感じさせる」ためだと言う。

全国的規模でアパート建築と賃貸を展開しているR社は、毎年秋に就活を始めた学生に、来春入社予定の内定者が会社業務案内の一環として新商品のモデルルームを紹介したり、就活の進め方や心構え、体験について話す。司会するのも内定者である。会社は言う。「社員が説明するより内定者に直接質問できる形式のこの進め方の方が人気がある」と。

内定者の学生は会社をよく調べ、集いの進行を準備しているから効果があったといえる。

ポスターやデザインの企画・印刷・加工のＳ紙工は「入社案内」を内定者が作成している。入社１～２年の若手が中心となっている例は他社でもときどき見受けられるが、正式採用される前の内定者が作成するのは珍しいケースだ。これは内定者懇談会の席で学生から出たアイデアで、これをさっそく企画・立案・デザイン・コピーのほとんどの分野を内定者が担当した。会社がタッチしたのは印刷と製本だけという。

Ｍ生命保険は全国主要都市で開く「就活支援セミナー」の企画・運営と入社案内の作成を内定者に任せている。といっても、内定者全員ではない。希望者を募っての仕事だ。だいたい、全国から内定者の約３分の１が参加するという。参加した内定者は言う。「仕事の大変さや面白さが分かり、入社が楽しみになった」と。

さらに、３～４月に内々定を決めた会社の中には、希望の内々定学生に、すでに入社の決定している新卒の集合研修を見学してもらうことを実施している例は少なくない。１年後の自分をイメージさせるのである。

こういうユニークな学習は入社前研修として内定者の企業理解や入社意欲を高めると同時に、次年度の就活に奔走する学生に対してもイメージアップになる。

27 ビジネス文書になじませる。絵文字・顔文字だけがツールではない

若い世代の友人・知人・家族間でのコミュニケーションの主流は携帯電話やメールが主になっているようだ。それも同世代だけにしか通じないと思われる若者用語・バイト用語・顔文字・絵文字がやたらに出てくる……

ということは、私たち中高年世代の〈話す・聞く〉、〈書く・読む〉という手段はＩＴ社会の今日、片隅に追いやられつつあるのか。だが、電子化時代の今日でもペーパーレス社会がなかなか到来しないのは、やはりビジネスでは文書が主流の座にあるからだろう。社内文書・社外（取引先あて）文書など、次のような願・書・届・状などの「ビジネス文書」がデスクからデスクへ、会社から会社へと毎日休みなく飛び交っている。

願――休暇願、転勤願、変更願、延期願、推薦願

書――報告書、稟議書、始末書、診断書、契約書、調査書、見積書、通知書、注文書、借用証書、顛末書、請求書、承諾書、指示書、借用書、回答書

届――欠勤届、結婚届、出生届、住所変更届、紛失届、移転届

状――年賀状、見舞い状、挨拶状、案内状、催促状、紹介状、依頼状、招待状
もちろん、文書はここにあげたものがすべてではない。かなり分厚な会議録、小さな紙片の連絡メモ、回覧文、それにＦＡＸの文章やら膨大な伝票類……

学生時代に活字に疎遠だった人は就職して毎日ビジネス生活を送ると、まず職場は「文書の巣」であることを発見するに違いない。

そこで新入社員研修にビジネス文書の作成法もカリキュラムに入れる必要がある。大事な取引先に顔文字や絵文字で折衝されては元も子もない。にもかかわらず、「ビジネス文書の作り方」という学習がプログラムに入っているケースはほとんどない。電話のかけ方・敬語の使い方・言葉遣いなどは逆にどの会社でも研修に取り入れているのに。

この理由は第一に、ビジネス文書はまずパターンがある。一つの文書例を**図3**で示したが、実に堅苦しく四角四面のシロモノで、新入社員にとっては非日常的なペーパーと映るから、興味が湧かない。自分にすぐ必要なものとは思えないのである。

第二に、文書の要領を解説した刷り物を配ればそれで済むという気になっている。

第三に、パターン通りの内容を身につけさせるには実習が伴う。課題を与えて作成させても、えらく時間がかかるのである。さらに、完成したものを今度は添削・講評しなければ、実施したという実感が湧かない。質問も受ける必要がある。私の経験ではまず最低３

時間は必要だ。それで身につくかどうかは不明である。

第四に、ビジネス文書の作成には基本用語や表現法が必要だが、これらはすでに社内に用意されている雛形に従ってパソコンを操作すればいい。だが、慣れない新人にいきなり作成を要求することはしない。作成を命じても彼（彼女）はメールもどきの文章になるか、とんでもなく時間を食う。これでは仕事にならないから命じた先輩は、サラリーマン川柳の「やってみせ　教えたつもりが　やらされた　常に悔恨」になる。

そんなこんなで、実務で次第に馴れるだろうからというわけで、何も新人研修で取り上げる必要はない、ということに落ち着くのだろうか。

だが、現実にはビジネス文書は毎日、職場の中で飛び交っている。文書に浸ることに早く慣れさせるため内定者に送る（郵送、ＦＡＸ）種々の連絡や案内、指示文書は、それを送るだけでは事務的だ。

「こういう体裁の文書はこういうパターンでつくるのが会社のやり方です」とか、「返事を出す時はこういう書き方やつくり方をしてください」といった注釈やヒントをつけて（別紙にこういったことを記入して）届けることで、内定者に若者用語や絵文字、顔文字とは別世界にいる自分を自覚させてほしいのである。

図３　ビジネス文書の例

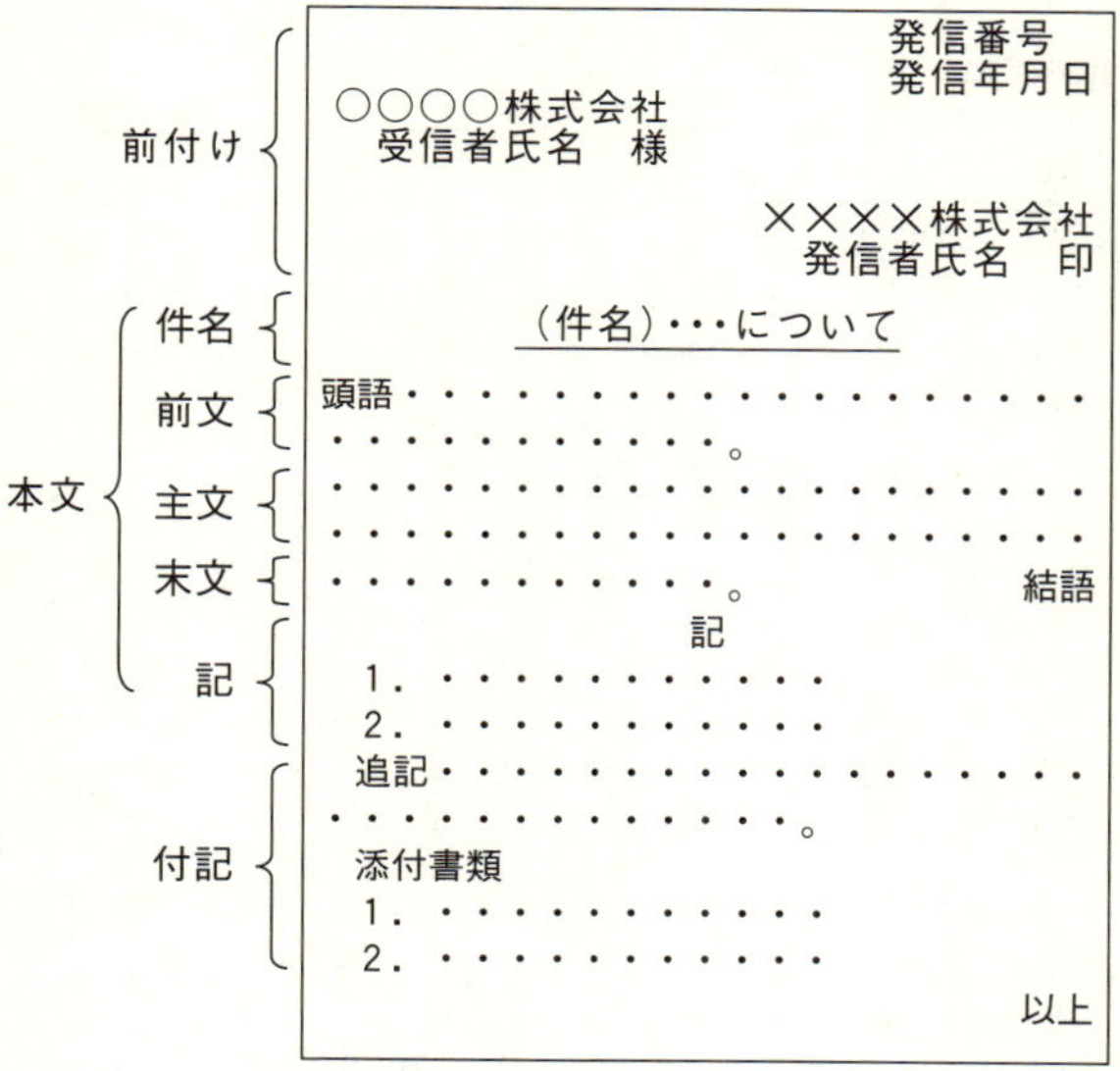

件名　新聞でいえば見出しにあたる。「新製品展示会ご案内」「代理店招待について伺い」など。

頭語　「拝啓」「謹啓」「拝復（返事の場合）」

結語　「敬具」「草々」。頭語と結語は「拝啓（謹啓、拝復）→敬具」「前略→草々」と連結させる。

前文　頭語の後に述べる。「時下ますますご隆昌の段」「春暖の候、貴社ますますご清栄のことと存じます」など。いくつもパターンがある。ビジネス文と私信では違う。

主文　文書でいちばん訴えたいこと、述べたいこと。長くなりそうなら、「記」として箇条書きにする。

末文　しめくくりの文章。

付記　本文とはややニュアンスが違うこと、別に訴えたいことは「追記」「追伸」としてここに書く。

添付書類　本文書（１枚～数枚）とは別に、いくつか添付する書類が同封あるいは後に綴じ込んであれば、その種類、枚数などを述べる。

28 スキルよりもルールを身につけさせる

若い世代の自己チュウ（自己中心性）を非難する声はかなり高い。その非難はほとんど社会的ルールを無視することに対してである。その最大のルール無視は「公私をわきまえない」ことだ。例をあげれば際限がないが、たとえば携帯電話の使用だ。他人の迷惑になるからマナーモードに、車中の通話は遠慮してほしいのアナウンスを無視しての通話、交通ルール違反、ガムや缶飲料の路上でのポイ捨て。

どういうわけか、ルール無視は独りでいる時よりも仲間がいるとエスカレートするものらしい。その最大のものは列車内や酒場での傍若無人の会話だ。けたたましい若い女性の笑い声とともに、手をバシバシ叩きながら大声を上げ大笑いする男性。酒場ならその間に皿や小鉢が鳴る。突拍子もないダミ声と嬌声。目と耳を塞ぎたくなる。

教室はどうか。最高学府である大学の授業中の私語がすごい。せめて遠慮っぽくひそかな〝小しゃべり〟なら黙認もあるが……。ある教授が目に余る女子学生を注意したら、シカトされたとか。教室でのおしゃべりは他人の迷惑になるという当然の意識がない。

学生時代は自己中心の気ままな生活が許されたかもしれないが、企業は組織で活動する。全体（会社）の目的を遂行するために各部分（部署、係、個人）が有機的な結合を持つ。その際、様々なルールが必要になる。チームプレー、個人プレーを問わず、スポーツはルールなしでは競技は成立しない。また、囲碁・将棋などの室内競技でもスキルはルールあってこそのものなのだ。

即戦力化や早期戦力化を標榜する企業ほど、入社前研修で早くスキルを身につけさせたいという欲求が強い。しかし、大切なことはスキルよりもルールだ。ルール無視や違反のスキルは悪徳商法そのもので、マスコミの報じる企業スキャンダルでご存知のはずである。先の「私語」でいうなら、上手な私語の仕方を教え身につけさせるのはスキルの付与。教室での意義や大勢で集う時に必要なことや、私語は最大の迷惑であると指導するのがルールである。

新入社員研修におけるスキルの獲得や練成は、第2、第3の柱である集合研修や配属後研修で重点的に実施できる。入社前研修ではスキルは馴染んでもらう程度にしておいて、まずはルールを身につけさせるようにしたい。

たとえば、研修中のある会合での理由なし（連絡なし）の遅刻や欠席、早退に対しては、担当者は毅然として社会人・企業人としてのルール違反を咎めてほしいのである。

29 「入社前通信」が会社と内定者の結合を強くする

内々定、内定の学生に配布する会社からの通知や案内、連絡等を公式なものとするなら、それはビジネス文書（73ページ）にふさわしい体裁で述べてあるだろう。これとは別に「入社前通信」をくだけた肩の凝らない非公式な情報紙として活用したらどうだろうか。

入社前研修の事務局として学生に言いたいことはいろいろあるはずだ。

健康問題、卒論の準備はどうか、学生生活最後の年末・年始休暇の過ごし方、クリスマスや帰省、取得単位は万全か、保証人の用意、世話になった方への礼状や年賀挨拶……など、気軽なタッチで取り上げてみよう。学生からの悩みや相談に対しても同様だ。

昨年、N工科大学・生協職員の学生に対する絶妙な回答（「一言カード」）を編集した図書が出版され、瞬く間にベストセラーになった。回答者の温かで心優しく、しかもユーモラスな筆致が読者を唸らせた（『生協の白石さん』講談社）。「入社前通信」も入社前の学生と事務局を結ぶ温かな心の懐炉《かいろ》にしよう。

ところで、その内容や書き方だが、たとえばこんな書き方ではどうだろうか。

☆　皆さん、クリスマスは帰省？　それとも好きな人とデート？　何はともあれ学生生活最後だよ。想い出に残る過ごし方をドウゾ

☆　単位不足はないよね、毎年、錯覚を起こしている人がいるんだ、大丈夫だね！

☆　会社の近所にうまいコーヒーを飲ませる店ができましたよ。店の名前は「カサブランカ」。とくにキリマンジャロが絶品の味とか

☆「内定記念にささやかなお礼をアルバイト先の店長にしたいのですが、どれくらいの金額が適当か教えてください」。こういう質問が寄せられました。答えは事務局まで

さて、作成要領は次のようなことでどうだろうか。

①　A４（あるいはB５、A５）１枚で十分。ふさわしい会報名をみんなで考えてみよう

②　紙面はタテ型・ヨコ型どちらにするか。カラー編集？　白黒？　郵送？　FAX？

③　発行回数は？　月に１～２回。他の連絡文書と一緒に、あるいは会合のつど渡す

④　掲載内容はこれからの入社前研修のプロフィールと注意事項、事務局の自己紹介、質疑応答、リレー随筆、先輩社員からの手紙、先輩が語るわが課の魅力、私は入社後にこんなことをしたい（投稿）など豊富なネタには事欠かないはずだ。写真も入れよう

⑤　編集は事務局でできるが、学生の中から有志を募り編集に自由に参画してもらうことは、この通信が自分たちのためのものというムードを醸し出していくだろう

30 自分の長所・短所でなく、同世代の長所・短所を討議させる

就活のエントリーシートや履歴書、さらに面接で、学生は自分の長所・短所を記入させられたり、面と向かって答えさせられたりしている。だからテスト用の自分の長所・短所はすでに保有している。

そこで、入社前研修の、たとえば「内定者懇談会」で、「同世代の長所・短所」についてグループ討議をさせてみたらどうだろうか。自分のことではなく、自分の属する世代についての論評だから、間口や奥行きの広い内容が展開されるかもしれない。また、案外、鋭い赤裸々な特色が浮上するかもしれない。

その上で、「では、こういう時にはどうする?」と、入社後に予想される仕事や人間関係の取り組み方について質問し、同じく討議によって彼らの行動半径を露出させて、社会人・企業人としての取り組み方を教示するのも、彼らの視界を拡大させることになろう。彼らの取り組んだ〝世代論〟は次年度の研修の資料にもなる。

参考までに、80年代のある年、中堅商社K社で内定者30数名の入社前研修を私が社外講

師として担当した時の彼らの言葉を抜粋してみる。自分たちの語る〝同世代論〟を入社前研修に活用してみたら……というヒントはここから得たのである。

「僕たちを先生も含めて大人は覇気がないとか、頑張り精神が足りないとか言いますけれど、共通一次は総合点でしょ。だから、僕たちは全体の情勢をつかむのがうまいというか、バランス感覚は結構あるので穴の埋め方はうまいと思っています。その代わりに全体に薄くなることはありますけれど。マークシートには強くても、論文とかには弱いことは認めます。

だから、いくつかの中から選ぶのはよいけど、何もないところから答えを出していくのは苦手だな。ある程度、枠を決められれば、うまくいくんです」（男性）

「私たちは今まで万遍なくどの教科でもソツなくやってきたと思っています。それなのに『ダメじゃないか』と怒られれば、エエーッとか、ドーシテェとか思っちゃいます。

100点満点なら70～80点取ればいいという気持ちが強いですね。穏やかというか、ソコソコが好きなんですよ。私たちのことを共通一次世代という言葉で先生は括るかもしれないけれど、人生、ソコソコに生きれば一番いいのと違いますか。無理することないですよ、どうでしょうか」（女性）

彼らは本年40代前半になる。

31 わが社を選ぶか、ライバル社に決まるか、内定式が語る

各社の採用活動は前年秋から始まり、2月から4月にかけて内々定が決まる。会社はその後、倫理憲章で定められた解禁日の10月1日以降（本年は10月2日〈月〉以降）に正式の「内定通知書」を学生に渡し、学生から「内定誓約書（契約書）」を受領する。この行事を会社は内定式と捉えて、本年度春季採用活動の収束と考える。事実、学生が内定式に参加すれば、その後の入社辞退は出ないケースが多いからである。

したがって、会社は内定式の当日を意義づけるため様々な演出をする。いちばん多いのが懇親会（会食）で、各社の80％近くが実施している。内定書の授与、社長・役員・人事部長講話、会社施設見学、一般社員との交流等（人材採用・紹介コンサルタント＝株式会社ディスコ調べ）。内定式にかける平均所用時間は約5時間である（同調べ）。また、新卒採用企業の70～80％が10月第1週に内定式を行っている（同調べ）。

社長・役員も出席する式に新卒予定者（学生）が参加することは、重複採用内々定、多重採用内々定の学生にとっては最終結論を出さなければならない日である。重複内定なら

表5　内々定から卒業まで

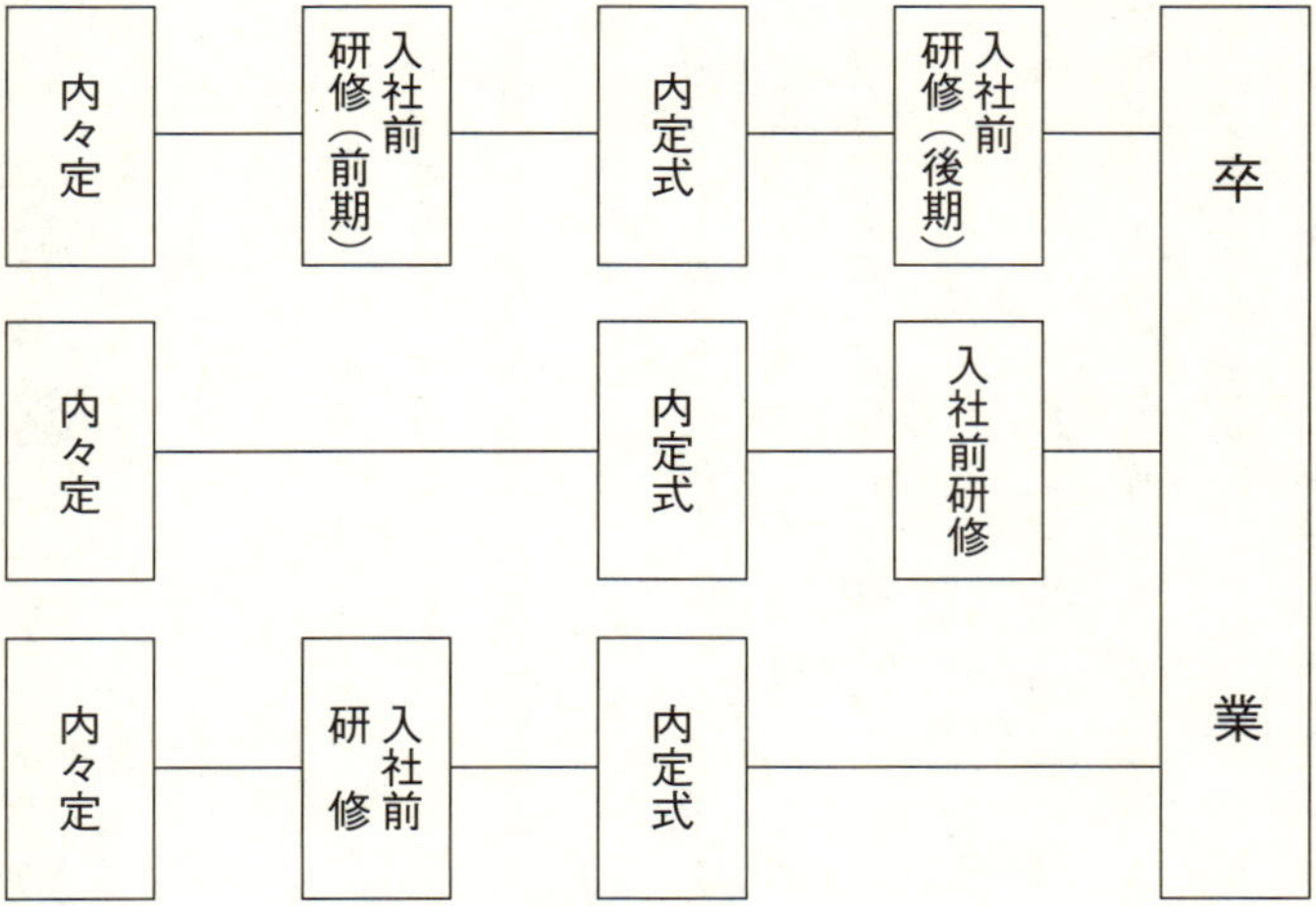

A社、B社のどちらにするか、学生も腹を括る必要がある。

今まで述べてきた入社前研修と内定式は、**表5**のように位置づけられる。いずれにしても内定式を終われば入社まであと6カ月である。入社前研修の有終の美を飾りたい。

32 内定辞退にどう対応したらよいか

内定した学生の中から内定辞退者が出ることは否めない。とするなら、できるだけ早い時期に辞退を申し入れられた方が対応はスムーズにいく。採用戦線も活動がヤマ場を過ぎれば、採用関係者はある程度の辞退や歩留まりは読んでいるから次の手を打ちやすい。

だから、内定者からおっかなびっくり電話で口ごもりながら辞退を申し入れられても、あっさり了承しやすい。だが、「そう、縁がなかったんだね。辞退ですね、ハイ、了解」。

こんなビジネスライクの応答では、内定辞退者に「自分は重要視されていなかったんだな」と寂寥感を与えたり、反対に「ここに入社していれば私は存在を認められなくなる。辞退したのは正解だったかもしれない」と安堵感を与えることになるかもしれない。

さらに、少なくともわざわざ訪問してくれて辞退を告げてくれたのなら、

「どの会社に入るのか知りませんが頑張ってください。あなたならできる（と握手）」

「他社に行ってもしっかりやってください、キミの行く会社は将来、わが社の取引先になるかもしれないからね（と肩を叩く）」

と、激励したり祝福したい。

また「釣り落とした魚は大きい」というが、どうしても獲得したいと目をつけた内定者から逃げられるのもショックは大きいものだ。いや、辞退されたから余計に大物に映るのかもしれない。

こういう時、辞退者は「本当に申しわけありません」「親の意向にどうしても逆らえないので、お許しください」「こちらの会社とは結局、縁がなかったんです」などと、詫び言葉や自分のわがままを述べて、早く終わってその場を去りたいのが通例である。しかし、採用は今年ばかりではないことを考えて、辞退の理由をじっくり聞いてほしいものだ。

「当社と比べてあなたが最終的に決めた会社は、あなたにとってどんな魅力があったのか、どんなところに惹かれたのか教えてほしい。会社名は言わなくても結構です」

「あなたが選考に参加してくれたのも、当社としては縁と思っています。これからの採用活動に生かしたいので、遠慮なくあなたの率直な意見を言ってほしいのです。会社にどういうようにしてほしかったのでしょうか」

「誰でも社員は自分の会社をよくしていきたいと考えています。あなたに入社していただいて一緒に頑張っていきたいですね。別の日にもう一度、話し合いませんか。率直な意見をもっともっと聞かせてください」

33 入社前研修担当者の心得

入社前研修は内々定者、内定者に、集合研修までの間に次の目的で実施する。

①　内々定者、内定者の不安を除去
②　会社に対する親近感の醸成
③　企業人・組織人としてのルール（常識や態度）の理解、促進
④　社会における会社の基本的役割の理解
⑤　会社の雰囲気や社風への融和
⑥　入社後の円滑な会社生活のため、予備知識の付与
⑦　内定者同士の同期生意識確立と親近感の醸成
⑧　会社幹部との直接のコミュニケーションを通じて入社への疑念の除去
⑨　内定辞退・入社取り消しの防止
⑩　学生から社会人へのスムーズな立場転換に対する助言や指導

もちろん、ここに挙げた目的は企業の研修に対する考え方、業界や業種の特性、過去の

新入社員採用時の受け入れ事情等によって異なってくる。実施する内容は本章でいろいろ述べた通りである。

「職人（商人）には学問は要らない」と昔の人は言ったが、社会がこれだけ高度化、複雑化、専門化してくれば、個人はもちろん企業も常に研修に目を向けなければならない。研修に熱心になりすぎて倒産した企業はないのである。ただ企業の研修目的は街のカルチャーセンターや公民館のそれと同じではない。企業は組織で仕事を専門化・分業化しているゆえに、研修は階層別研修、職能別研修、課題別研修等に分かれているが、どの研修も次の骨子が欠かせないと私は考える。

① 企業目的や活動を達成するのに、直接あるいはそれに近い形で役に立つものでなければならない

② 研修の結果、組織と個人に対して合理化が促進されるものでなければならない。ここでいう合理化とは人減らしではなく、仕事の取り組み方への見直しである。すなわち「もっと早く、正しく、楽に、きれいに、安く（ハタラキヤスク）できないか」である。

③ 研修によって、使命感が自分の中で燃え広がるものでなければならない

新入社員研修も例外ではない。しかし、入社前研修を受ける人はまだ社員ではない。人生で最後になるかもしれない学園の居住者である。このところを勘案して学ばせてほしい。

第3章
集合研修の工夫と効果的な実施方法

34 集合研修のネライどころは何？

ふつう、漠然と新入社員研修といえば、この集合研修、集合合宿研修を指すことが多い。この研修は別名「導入研修」とも呼ばれる。学生気分を断って企業人へ導くための研修であり、社会人として踏み出すための旅支度ならぬ心の支度の援助である。

しかも、この研修はちょうど潮時がよい。入社と卒業が重なっている3月～4月だ。「学校よ、さようなら。会社よ、こんにちわ」だ。彼らは学生から社会人、学園から会社への道を踏み出すのだが、その道は小学校から中学へ、中学から高校への道の延長線ではない。そのところを、一連の新入社員研修の第2段としてしっかり理解させてほしいのである（第1段は「入社前研修」）。そのためには――

① 社会人・企業人への意識変革をさせる

「学校は授業料を払うところ、会社は給料をもらうところ」「学校は卒業があるが、社会には卒業はない」。学生と社会人・企業人との違いは他にも多々あるが、それらを明確にして意識変革を図る。学園風土から企業風土へ早く溶け込ませ、年代差のある人たちとの団体生活を行う方法を身につけさせる。

② 仕事の基本定石を習得させる

仕事の進め方、指示・命令の受け方、報告・連絡の仕方、仕事に関連する他部署とのコミュニケーションの仕方などを習得させて、配属後の活動がスムーズにいくようにする。

③ チームワークに必要なものの考え方や技術を学ばせる

会社生活はタテ、ヨコの人間関係の織りなす活動である。人間関係を維持し発展させる考え方、技術を学習させる。マナー、言葉遣いについての学習も必要になる。

こういったことを集合研修で実施したいが、このための集合研修は、全日程はいつからいつまでの何日間か、入社式はどこに組み入れるのか、受講新入社員の人数は何人か、受講生は通学か、合宿か、講師は社内講師（社長・役員・部課長）だけか、社外講師（大学教授・評論家・経営コンサルタント等）も必要か、研修場所は自社研修施設や保養所か、本社会議室か工場・研究所施設か、ホテルや公共施設か、などを考えると研修準備は結構手間取るものだ。

毎年、数百名規模で新入社員を採用している自動車・家電・大手銀行・量販店・通信・情報関係企業は、新入社員研修が一段落する4月下旬には、もう翌年度の集合研修の準備を始めると聞いている。

35 平面的研修から立体的研修へ

本書の中で内々定者、内定者の研修成果について触れたが（68～69ページ）、入社前研修は内々定したあとに実施した方がよいか、内定後の方がベターか、どちらを選んだらよいかという悩みが、研修部門ばかりか役員の間にもある。

私はこういう質問に対しては、よほど内々定者に期待する意図や理由がなければ、内定を発する10月1日以後の、最後の学生生活6カ月間で十分と申し上げている。この経過の中で次第に内定した会社に親しみを持たせるようにすることだ。その方法を第2章でいろいろの角度から述べてある。そのために6カ月あれば十分という次第なのである。

集合研修は入社前研修に比べるとメニューは豊富だ。入社前研修は彼らの卒業に向かっての学業スケジュールや、個人的な年末・年始の行事、アルバイト、親・兄弟・親戚間の冠婚葬祭なども絡んでいる最中での学習だから、連日実施ということはないし、指定された場所（会社や他の施設）に出向いての学習と、自宅や学校内での学習（eラーニングなど）と2本立てだろう。

だが、集合研修は連日だ。週末だけとか隔日に実施という集合研修はおよそ聞いたことはない。その上に合宿ともなれば、学習は夜間にまで及ぶことがある。集合研修のやり方も学生時代と同じような講義型式だけとは決まっていない。

講師になる方（社内・社外）の中には素晴らしい内容をお持ちなのに、講義慣れしていない方、急に代理で頼まれたので準備不足の方などが、入れ代わり立ち代わり相互に脈絡のない内容をしゃべっても、新人の受講生たちは講義についていくのに疲れてしまう。だからプログラムも内容の深さ・厚味・角度など、バラエティと訴求効果を考えて立体化を図る必要がある。

たとえば午前中、２人の講師が講義したら、午後はグループを編成して討議をさせたり、午前中の講義の応用としてスライドやＶＴＲを見せてそれを討議する。講義や討議のようなデスクワークの後にはフィールドワーク（戸外での学習）など、研修担当者は講師と内容を講義という形で並べるよりも、事前にプログラムの立体化を考えてほしい。

ただ、講義でも他の方式の学習でも「ああ、楽しかった」「眠くならないので助かった」だけの内容ややり方では、せっかく時間と多額の研修費をかけた内容が新人の頭の中で発酵しない。１日、２日……とたつごとに、次第に社会人・企業人としての自覚と責任が生まれてくるように誘導してほしいものである。

36 採用人数が少ないとき、研修はどうする?

新入社員を採用した時、その研修形態はだいたい次のように実施されているようだ。採用人数や研修延べ時間と日数、合宿か通学かの別はここではひとまず措くが……

① 自社内で実施

自社（本社、工場、研究所、支社、研修所等）に新入社員を集合させて、会社の幹部や社外講師が担当する。

② 外部施設（ホテル、公共施設、業界保養所等）で実施

こういう施設を研修に借用して、新入社員と会社幹部や社外講師が出向いて実施する。

ところで、問題になるのは採用人員が1ケタの下部の場合（1人か数人）、こういうケースは中小企業、とくに小企業に多い。採用人数が少ないから研修もカットしてよいという理屈は成立しない。でも採用した以上は早期戦力（即戦力）として活動してもらいたいはずだ。人の採用は慈善事業ではない。では、こういう時はどうするか。

③ 企業の属している同業組合や共同組合の、いわゆる業界の「〇〇業新入社員合同研

修会」に自社で採用した新人を参加させる。

④　企業の取引先金融機関主催の「新入社員セミナー」に新人を派遣参加させる。主だった金融機関の本店や本部は必ずといってよいほど、この時期には顧客会社の新入社員のためにセミナーを設ける。もちろん、参加する業種はまちまちだが。

⑤　民間教育機関の「新入社員セミナー」に派遣する。（財）社会経済生産性本部、（社）日本経済青年協議会、（財）日本能率協会、（社）日本経営協会ほか、わが国には権威と歴史のある企業教育機関が全国的規模で新入社員研修をこの時期に展開している。

⑥　全国各地にある商工会議所・商工会の「新入社員セミナー」に参加させる。

⑦　新聞社やその外郭団体主催のセミナーに参加させる。

採用人数が少ないから自主的な研修はできないというものではない。③〜⑦のような機関もあるから大いに活用すればよい。ただ問題になるのは、派遣したから「今春の新入社員研修は一丁上がり」では困るのである。新人が帰社した時、役員や採用・研修担当部署の管理者は、何を聞いてきたのか、それをどう受けとめたか、配置されたらこういうように聞いてきたことを活用してほしいなどのフォローをしてほしいのである。できれば受講の感想文も提出させてほしい。それによって新人は「私はアテにされている」と奮い立つ。激励も期待や補足もないことに、非常な寂しさを受けるのである。

37 偉い人たちの「顔見世興行」はほどほどに

短期間にあれも教えなきゃ、これも一応説明しておく必要がある……という焦りから、朝から夜までギッシリと組み込まれた新入社員集合（合宿）研修。仕事の鬼の管理・監督者でも辟易するスケジュールに、新入社員が耐えられるわけはない。

合宿ともなれば、朝6時30分からのラジオ体操に始まって、夜の自由時間は初めて会った仲間たちと話が弾んでしまう。日中の時間は学生時代なら50分から1時間20分刻みの授業や実験で、その間は必ず休憩があった。眠い講義、つまらない講義はエスケープできた。居眠りも可能だった。

ところが、初めて参加した新入社員研修は単位時間も違えば、居眠りも許されない。つい講義に眠気を誘われてウトウトしていると、どこからか研修事務局員が足音も立てずにソッと近づいてきて肩や頬を突つく。授業は聞いたことのない小難しいものばかり、これらが1分のスキもないほどのスケジュールに組み込まれている。

それやこれやで新入社員は疲れきってしまっている。

新入社員集合合宿研修を負の面から風刺すると以上のようになるだろうか。

新入社員を即戦力化したい気持ちは分かるが、会社サイドのこの運営に輪をかけるのが、会社幹部が入れ代わり立ち代わりプロレスのタッグマッチよろしくの講義や講演だ。

ある日の午前の初めは「わが社の沿革」（講義担当者は総務部長）が2時間、小休止のあと「入社の諸手続き事項」（庶務課長）1時間。昼食休憩後は「当社の昇進・昇格システム」（人事課長）1時間。休憩後は「当社の現状と業界の未来」（工場長）1時間。

こういった内容が互いに何の脈絡もなく、すなわち偉い人たちのスケジュールや仕事の都合に合わせて講義として展開される。最大の難点は偉い人の口から、聞いたことのない専門語、業務用語、略語、業界用語がポンポン飛び出ることだ。そして、どうやりくりしても幹部同士の担当の都合がつかない時は、その間隙を社外講師を招いて埋め合わせる。

こういうやり方を私は「顔見世興行」という。京都南座の顔見世興行なら絢爛豪華で観客を堪能させるが、新入社員研修での演出のないスケジュールに、思いつくままに前後関係を考えない内容を会社の偉い人たちに担当させて、日程を消化して能事終われりでは、観客ならぬ参加者の新入社員はどれほど理解できただろうか。

担当者はスケジュールを組む時、社内各講師の出番とそれぞれの内容の相互関連、新人の理解度などを十分考慮してほしいものだ。

38 集合研修に禅寺、自衛隊での参加体験は必要か

禅寺や自衛隊での2泊3日、3泊4日の集合研修。それは厳しい規則にじっくり浸らせるとか、根性を身につけることが根底の課題らしいが、これらはどれほど実務に役立つのか、私には疑問である。思想やイデオロギーではなく、こういう施設に宿泊している間は、企業人・組織人としての生活とかけ離れた〝非日常〟生活だからだ。

朝4時前後の起床から夜9時、10時の生活まで連日規則正しい生活だ。食事も定時にきちんと摂る。坐禅を組んでしみじみ自分を反省する。隊員服に着替えて10キロ行進する。だが、終了して会社の実務に就いたとたん、見るも無残にこの習慣は破壊される。忙しい時は昼食時間はずれる。残業で帰宅は終電ギリギリ。〝修業〟とは違う時間の毎日だ。

朝の坐禅が有効なら、毎朝、社屋で社長以下タイルの床で坐禅を組む時間を持っているのだろうか。そうすれば禅寺の生活が職場にスンナリ移行できる。

「規律や規則の厳しい遵守を学ばせることが必要」と幹部は言うが、工夫次第では会社会議室での通勤研修、他の合宿研修でも可能だ。すなわち定時出勤、定刻起床違反の新人

には入室も食事もなし、と取り決めればいい。瞑想が必要なら一日が終わったら、全員が教室で姿勢を正して、今日を振り返らせるひと時を持てばよい。

禅寺や自衛隊での訓練終了後の感想には、「ばかばかしいやり方だ」「どういう意味があるのか理解できない」という否定的な意見よりも、次のような声が多いという。

「規則正しい生活で身体が快調になった。ありがとうございました」

「坐禅を組んで過去をじっと見つめることができた。とても新鮮な生活でした」

「社会人にならなければ、こういう得難い経験は味わえないと思う。頑張ります」

こういう声を研修担当者や幹部はオーバーに受け止めているのではないか。

だいたい若い世代は好奇心が強い。日ごろ体験してみたい憧れの未知の世界には、禅寺や自衛隊は候補にあがっていないのだ。それが図らずも異質な刺激に敏感に反応しただけだ。その証拠に、「それほど感激したのなら、会社は夏季研修を考えているんだ、それを禅寺や自衛隊でやってみることにするか」と持ちかけてみればよい。

「いや、ああいうことは1度やれば十分です」という答えが返ってくるだろう。古典落語の『酢豆腐』と同じく、腐った豆腐を食わされた若旦那が、周囲から「若旦那、それほどこれが美味なら、もう一口どうです」と持ちかけられ、「いや、酢豆腐は一口に限りやす」と答えるようなものだ。

39 ゲーム方式の学習は実務との接点をおろそかにすると、ただの遊びになる

「講義が続くと、講師が違った人でも、研修効果は落ちる」
「講義では受講者がどうしても受け身になり、教室に活気がなくなる」
「午後の講義は居眠りが多くて、社外講師の方には本当に申し訳ない」

こういう講義の結果による室内ムードの改善、あるいはムード一新を図るために、いろいろなゲームが新入社員研修はおろか管理者セミナーまでにも取り入れられている。発案者の狙い、教育機関の開発した意図などによって種類も多い。

個々のゲームの説明や実施法は割愛するが、ビジネスゲーム、インバスケットゲーム、コミュニケーションゲーム、協力ゲーム、花嫁衣裳づくりなど。なかには、自己紹介や討議すらも「他己紹介」「フィッシュ・ボール（金魚鉢）討議」がある。輸入物では米国のコンサルタント、J・ホール氏の開発した「月面の危機テスト」が有名である。

ゲーム方式の学習は講義やおざなりの討議やスライド映写などに比べると、参加者の意欲や興味を大きく刺激して、学習や訓練を効果あるものにする。

そもそもと開き直るわけではないが、ゲームはまず競争ということだ。次にやらされている（講義のような受け身）ということではなく、自分が主体的に取り組んでいることだ。競争的、積極的、能動的な行為なのである。だから夢中になれるし、学習後に「いやァ、さっきは面白かったな」「時間のたつのも忘れたね」「合宿に入ってさっき初めて大笑いしたよ」などの声があがるのである。

だからといって、楽しそうだったからよかった、盛り上がったから効果があった、と担当講師や研修事務局が受け取るのは大きな間違いである。楽しいムードに浸らせることが目的なら、それはそれでよい。

しかし、ゲーム学習はそれが目的ではなく、あくまで手段ということだ。裏返せば、何のためにこの時間はゲームを選んだのか、このゲームから何を理解させるのか、どういう行動をさせたいのか、を研修担当者はしっかり把握して実施しなければならない。ゲームをやらせれば学習はうまくいくというものではない。仕事や学習との結びつきを受講者にキャッチさせなければならない。

だからゲームの途中でも、講師は「そこまで進むと、実際の仕事に当てはめたらどうなるかな」「それも一つの結論だが、職場ではそれだけで収まるかな、それも考えてごらん」などと、要所要所で助言や刺激を与えることが大切である。

40 集合研修は講義中心で万全か？

私たちが自分の意思、感情を伝える時、言葉ばかりでなく、身振りや顔と表情、その場のムードも活用する。また、相手の態度や言葉による反応も考えながら話を進めている。それでも意思疎通は妨げられ、誤解や曲解を招いていることが少なくない。

まして、十人十色の聞き手に同時に同じような反応を起こさせようという講義・講演は、なまじっかのことでは難しい。まず聞き手は言葉による反応は会話と違って示せない。もっぱら受け身専門である。一方、話し手が使える道具は言葉と声、態度、表情で、しかも定められた時間内にこれらをフル稼働させなければならない。

よし、それができたとしても、聞き手一人ひとりのリズムにうまく乗るかどうか。まだある。話し手の筋の展開は話し手の論理に基づいたものだが、これが聞き手に抵抗なく受け取られるかどうか。なかには、抵抗や反発もない講義・講演風景もある。すなわち、話し手の話を子守唄として聞いている聞き手である。時には話し手の話すリズムに合わせて伴奏を入れてくれる（イビキ）。

それやこれやで、ひとりの話し手が大勢の聞き手（聴衆）に体面しての講義・講演は想像以上に難しいのである。だから、聞き手側からすると、「あの時は分かったつもりだったが、やってみるとできない」とか、「教室で聞いている時は説明されたことは八分どおり分かったような気がしたが、あとでノートを広げてみたら自分のノートしたこともよく分かっていなかった」ことになる。

それでも研修というと、企業内研修ばかりか公民館の成人学級や婦人学級、さらに街のカルチャーセンターや文化会館の勉強会でも、主流は講義・講演方式が多い。

話を元に戻すと、講義・講演型式の企業内研修がすべてよくないわけではない。講義や講演に頼らざるを得ないことがある。たとえば、対象人数が数百名という大集団の場合、あるいは小グループに編成して学習できないような場所的制約がある時（教室や会議室を確保できない時）、研修期間や時間に制約がある時、討議などで出た意見や問題提起をまとめたり紹介する時などである。

研修プログラムの各項目（単元）を、場所、人数、必要時間、前後の項目と照応させて、講義にすべきか、討議がよいか、事例研究で取り組ませるか、スライドの活用にするかなどを決め、それに必要な消耗品や機材の準備も怠りなく実施していきたい。

41 座席をときどき変更させる

昼食、来客との商談、同僚との帰途の一杯など、誰でも馴染みのレストラン、喫茶店，蕎麦屋、スナック、一杯飲み屋は持っているだろう。そこへ行くとホッと安らぐことができる。そして混んでいなければ、いつも決まった座席に陣取るに違いない。これは映画館、図書館、毎日の通勤時の交通機関でも同じで、一定のパターンがあるようだ。

研修も同じで、受講生の座る位置を観察すると、着席自由の場合はたいていは第1日目に座った席に2日目も、3日目も座る傾向がある。人間は1度でもその席に座って居心地がいいと、そこに馴染む（馴れる、しっくりする）らしい。

ところが、研修事務局が席を指示することがある。学校式の場合、教壇や黒板に向かって最前列の向かって左側から苗字の50音順に座るとか、配属職域ごとに座るなどである。なかには、出身県順に北から南に向かって座っていくなどである。もちろん、このように決めたのは事務局なりの配慮に基づいての割り振りだろうが、受講生にとっては困ることがいくつもある。

・窓際は日差しの強い日は、ブラインドを下ろしていても座っている間じゅう汗ばむ。
・反対に廊下側の教壇に近い最前列や2～3列目の席は、講師が板書した黒板の字や数字、チャートなどが太陽光線に反射して見えない。
・室内の照明によっても似たことが起きたり、天井のエアコンの不具合で特定のいくつかの席は数分間隔で熱風に煽られる。
・講師の癖で自分の前に座った受講生数人にしか視線を向けない。また、講義中の質問や「そう思いませんか」と同調を求める時、いつも同じ受講生なので、人身御供になった受講生は緊張が絶えない。
・比較的に大きな教室や会議室で、後列の席に座らせられた受講生は講師の声が聞き取りにくい。また、自分より前列に座った受講生の頭や背中に邪魔されて、黒板・チャート類がよく見えない。

そこで研修事務局としては、できるだけ違った席に座るように指示するとか、午後の学習は午前中に座った最前列は最後尾に、2列目は最前列にと、列ごとにそのまま強制的に移動させる。また、日差しの強い日は窓際の席、前から後ろまでのタテ1列は使用しないなど、気くばりを十分にしてほしい。暑さや黒板の字が見えないことに耐えるのも研修だ、などと、戦時中のような根性論は口にすべきではない。

42 「グループ討議学習」を多くする

各企業は集合研修で社外講師や自社の役員や管理者を社内講師にして、たとえば「職場の人間関係をよくするには」「コミュニケーションを活発にするには」といったテーマで講義をしてもらう。でも講師の話した内容がどれほど浸透しただろうか。同じテーマを1組5、6人の小グループを何組も作り、同時に討議させ結論を模造紙に書かせて、各グループの代表者から順番に発表させる。講義では眠そうな顔、生あくびばかりしていた者、私語を取り交わしていた者が、討議の過程で俄然、人が変わったように活発になる。

この差はどこから生じたのだろうか。講義が眠気を起こすような下手な話し方だったこともあっただろうが、講義ではいつも受講生は受け身一方であるのに、グループ討議では各メンバーがみな主役だったからだ。もっと言うなら、討議によって結論をつけることを求められているため、次のような状況が展開されるからである。

① それぞれに発言責任があるが、他のメンバーの発言を聞かなければ、出題されたことに適した発言ができないことが分かる。

② 討議過程で意見を変えたり、視野が広がる。それによって、さらに他の者の考えの是非を理解でき、それがさらにそれぞれの発言を刺激する。

③ 「三人寄れば文殊の知恵」で、大勢で検討するので、初めは考えもしなかった優れた発想や〝異見〟が出る。そこからまた新しい考えが導き出される。

④ 自分たちで討議し、自分たちで出した考えや結論だから、受け入れるのに抵抗はなく、また実行されやすい。

ただ、グループ討議学習には難点がある。討議の結論を整理し発表するために模造紙に討議過程や結論を記入しなければならない。このため最初は討議と模造紙にまとめることを含んで1時間と指定しても、模造紙への記入が延びて20～30分もオーバーすることはザラである。このあたりを注意したい。学習中は次のような進行を留意させる。

① 簡単なグループ内での自己紹介
② 役割選出――グループ内での討議の司会者、発表者（討議結果や決意）、書記（模造紙作成の責任者）以上3人。1人で役割を2つ兼任しない（させない）
③ グループ内での討議
④ グループごとに模造紙に結論記入
⑤ 各グループは討議終了後に全員に向かって順に発表（発表者）

43 時間を守らせる——5分前と奇数のすすめ

『週刊朝日』の名編集長といわれた故・扇谷正造さんは「よい原稿とは締め切りを守る原稿」と言っておられた。研修や講演会でも、遅刻や予定時間超過によってずいぶん迷惑していることがある。扇谷さん式に言うと、よい研修とは時間を守る研修といえる。

旧日本海軍には〝5分前精神〟があった。所定の時間に間に合うように準備することを意味する。時間に遅れれば、艦は出航してしまう。敵機は上空に到達する。ナポレオンは「戦いに勝つか負けるかは最後の5分間にかかっている」と言った。

研修では招聘《しょうへい》講師に到着時間・講義時間を含む担当時間を守ってもらわないと、あとのスケジュールを大幅に狂わせる。それにもまして注意すべきは、受講者の遅刻や前ページに述べたような学習時間の延長だ。そのため、研修事務局は朝・昼・午後ばかりか学習が変わるたびに、指示した教室や施設に「5分前に到着して心静かにその時を待つ」「5分前に終わらせる」という指示を口やかましく言ったらどうか。3分前でもよい。

ところで、整数には奇数と偶数があるが、偶数は2で割り切れる。奇数は2では割り切れない。２で割ると１つ余る。偶数の方がどの数字でも奇数よりもはるかに割り切れる。こんなところから、偶数はノンビリ、しなやか、ゆったり、マイルドといった気分を感じる。奇数は、重い、尖った、不安定、ビリビリしたムードを感じる。

こんなイメージやムードがあるからか、来客は「あと10分ほどお待ちください」と言われた場合よりも、「あと7分お待ちを」の方にピリッとする。ご亭主が電話で家人に「9時過ぎに帰る」では、家人も〈いつになるやら〉でアテにしないが、「9時15分から25分までには帰る」なら、〈9時になったら始めよう〉と、遅い夕食を支度するだろう。

この奇数の感覚を、研修事務局は受講生に指示や連絡事項に使って、ピリッとしたイメージを与えたらどうだろうか。

「明日の研修は中央研究所での見学と懇談になるので、本社前に8時25分までに集まってください。35分にバスで現地に向かいます」〈8時半集合、40分出発よりもピリッとした感覚ではないか〉

「討議時間がどうも守られていないようだ。60分間の討議時間をだらだら進めるのではなく、どこから切り込むかに5分、本論の展開を45分、結論に5分かける。残った5分は予備としてとっておくようにしてごらん。必ずうまくいくから」

44 企業イメージに密着した独自の研修に評判がよい

先にユニークな入社前研修をいくつか取り上げたが（68〜69ページ）、毎年3月彼岸前後になると、マスコミは私に「変わった新入社員研修をしている会社はありますか」「面白い研修をやっている企業をご存知ありませんか」と電話をかけてくる。

マスコミや読者にとってはこの種の記事は読み物のひとつになるのだろうが、研修担当者は気ままな生活をしてきた新人を会社の色に染め変えたり、早く社風に馴染ませるために必死である。そのいくつかを取り上げてみる。毎年実施している企業もあれば、かつて実施したことがあるという会社までを含んでいることを了承されたい。

皮革用品のC社は集合研修中に新人全員に先輩の靴を磨かせる。これは写真入りでよく新聞紙上に載るのでご存知だろう。

建設大手のT社。先輩社員数十人、新入社員数百人（女性社員も含む）で3日間の工程で、ある年はログハウス造り、ある年は橋の建設。橋といっても高さ5メートル、長さ20メートルにも及ぶ本格的なものだ。

同じく建設大手のＳ社は小さな模型のブロックでビルを造る作業だ。新人をいくつかの班に分け、それぞれが建設会社という設定。ビルの高さ、面積、イメージ、納期、テナントの数や業種などの条件付きで、発注が各班のリーダーにオーダーされる。各班は討議を重ねながら設計し、ブロックで組み立てていく。

エンジニアリング大手のＴ社は１週間の合宿研修中、起床から就寝まで日本語はいっさい使用厳禁である。仲間うちの雑談も英語で行うことが指示されている。プラントの設計、施行、管理を本業とする同社は受注のほとんどは海外なので、オフィスには毎日、外国人が１００人ほど訪れる。英語ができなければ仕事にならないからだ。

電子・電気機器のＣ社は１カ月近い研修期間中、自社の事務機器を飛び込み販売させる。期間中に7～8台契約を取ってくる新人もいれば、ゼロ件の者もいるという。

さて、新人たちは学生時代は講義に遅れてもサボっても学校を休んでも文句を言われなかった。アルバイトを無断欠勤したまま辞めても、また他の仕事にありつけた。

この習慣や学生気分は社会では通用しない。こういう〝脱・学生〟意識を、上から押し付けるだけでは反発感情を招くだけ。会社の仕事を通じて身体で感じ、チームワークの大切さを肌で知る体験学習が他のどの学習にも勝っていると、各社の担当者は知恵を絞る。

45 現地語に親しみを持たせ、早くマスターさせる

どんな業界や企業でも、職場語（私は現地語と呼ぶ）というものがある。警察には警察用語、病院には病院用語、芸能界でもマスコミでも然り。学生時代にはキャンパス用語を縦横に使ったはずだ。現地語には次のような種類がある。

① 業界共通の専門用語。自社内の事務（作業）用語
② 製品・材料・什器・備品の呼び方
③ 職場内の隠語・略語・符号・符牒、さらに職場の知恵が生み出した通称や慣用語
④ 仲間うちだけの通用語

例をあげると、「朝イチ」（朝一番。カッコ内が本来の意味。以下同）、「シャリンピ」（ぴったり）、「サシ」（ものさし）、「伝票起こしてくれ」（伝票つくってくれ）などである。「主任、Dクンはきょう不帰社か」「ハイ、直帰と申しておりました」は、「きょう、社に戻らないのか」「はい、訪問先から直接帰宅すると申しておりました」の意味である。

作業現場でも忙しく現地語が飛び交う。たとえばセメント工場では、

「7号、12号、パーデイ500、かけ2日、サブロクはパーデイ1300アップ、トッキョーで。朝イチのブタツだ」「ハイ、了解、ブタツはイッセイだな」

工場見学者がその場にいて耳に入ったら目を回すだろうが、当事者同士が内線電話や対面でテキパキと会話しているこの意味は、

「7号機、12号機は1日当たり（per day）500kgを2日間で生産。36号機は1日当たり1300kg以上。特別強化剤を使って頼む。これはけさ一番の部長通達だ」

「ハイ、了解、部長通達は各現場に一斉に出たんだな」

こういうやりとりだが、現地語の効用はそれを使うことによって、長々とした説明を省略したり誤解を防ぐことができることだ。仲間同士の連帯感も発揮でき、第三者に秘密を保つことができる。早く現地語に親しませマスターさせるには、まず「職場用語集」を作ってそれを配布し読ませることだ。同時に、研修担当者が研修中の連絡事項や指示事項を受講生に伝える時、意識的に現地語を交えて伝えその感覚を体得させることである。

最初は違和感を持っていた彼らも次第に耳に馴染んでくる。シャープな感覚の受講生なら、仲間同士の雑談や朝イチの事務的連絡にシャリンピに無意識に使い出す。それが次第に周囲に波及していく。研修後に配属（仮配属）されたとき耳に入る現地語に、異境に入った寂しさや驚きを味わわないで済む。

46 先輩とのパネルディスカッションで疑問解決を図る

さまざまな意見や立場のパネラー（パネリスト）3～5人が順番に意見を述べ、そのあと討議を行い、のち会場の質問に応じるといった形式である。

①　あらかじめ参加者各人やグループでテーマを決めさせる。自分の悩みや疑問に先輩はどう立ち向かったか、どう悩みを解決したかなど、一番聞きたいことを選定する。「辞めたい気持ちをどう克服したか」「苦手な職務をどう消化したか」「ウマの合わない上司・先輩とどう付き合ったか」など。司会者（研修事務局が務める）はその中から1つを選定する。

②　パネラーは社内各部課の先輩社員（男女、入社1～3年目の人が適任）。人選は必ずしも話の上手な人でなくてもよい。異なった意見の持ち主、違った観点から考察できる人が適任。個人的に仲がよくない人は避けた方がよい。

③　開始後、パネラーは自己紹介（氏名、入社年、部署、簡単な仕事内容説明）してから意見を述べる。

図４　パネルディスカッション配置図

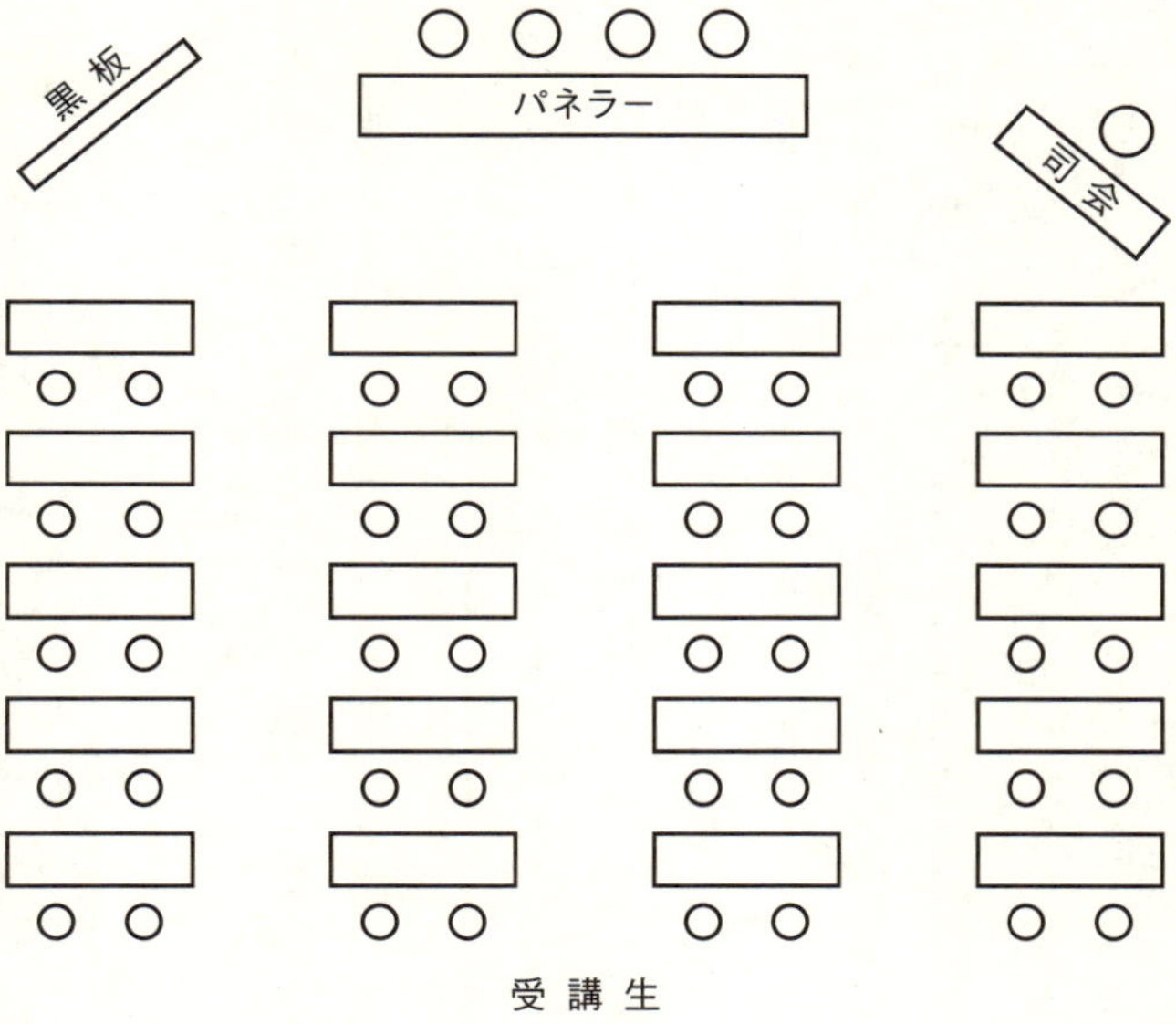

④　参加者（グループ）からの質問は、まず〈誰に質問したいか〉を言ってから始める。

⑤　通常ならパネラーは勤務中だから、上司の参加受諾の許可も要る。また、合宿研修なら宿泊も考慮しなければならないので、人選とテーマ選出の間は10日間前後のゆとりがほしい。

このパネルディスカッションは各社の実施では、アンケートでもっとも感謝と印象の強い学習であることを付記しておきたい。

47 ノートを「とらせる」のではなく、「つくらせる」

新入社員集合研修に伺うと、ノートはおろか手帳から筆記具すらも持参しないノー天気な者が跡を絶たない。もちろん少数だが、こういう連中は90%以上、男性である。彼らの言い草がいい。「筆記具とノートは会社で用意してくれると思った」。

話は脱線するが、学生時代にノートの貸し借りで、借りるのは男性が多く、貸すのは女性が多い。それだけ女性は几帳面に記帳や記録をしているので、期末や卒業時のテスト成績が男性よりも良いといえないだろうか。つまり、ノート作業は成績や実績に比例すると見るが、いかがだろうか。話を元に戻す。

たかがノートと考えるから、彼らは講師が黒板やホワイトボードに書いた単語だけを書き並べる。いや、写すだけだから、研修終了後に自分のノートをひっくり返してみても、何を聞いたか覚えていない。書いた単語を読んでも、それが何を意味しているのか、講師が何を意図して書いたのかも思い出せないでいる。メモやノートを「とる」と通常、私たちは口にするが、ノートは「つくる」ものだ。そのつくり方とは――

①　大学ノートがいちばん手ごろである。手帳大の大きさのノートは不可。

②　罫線のない白紙のノートがよい。罫線ノートは書く時に人によっては罫に捉われる。罫に左右されれば、記録・記帳するのに眼に制約を受ける。白紙なら、どのようにでも自由に紙面を活用できる。

③　集合研修でノートの全ページを使い切るようにする。つまり「新入社員集合研修」専門のノートにする。専門のノートにしてあれば、かなり日にちが経ってからでも、集合研修用の備忘録としてさまざまの情報を書き込むことができる。

④　カラフルに書く。ボールペン、マジックペン、マーカーペンなど、赤・黒・青・茶などを使い分けて、あとで復習や資料として使う時、書いた時の意図やネライがひと目で分かるようにしておく。たとえば、通常は「黒」を基調にして記入するが、具体的な例話や話し手が引用した文献や統計資料からの話は「青」色にする。聞きながら重要と感じた箇所は「赤」色でアンダーラインを引くとか、マーカーペンで塗るなど。自分なりの好きなやり方にすればよい。

⑤　シール、ラベル、ポストイットカードなどの事務用品も活用してみる。

48 「石の地蔵さん」「野田の案山子（かかし）さん」ゲームで盛り上がる

日常のコミュニケーションの大切さ、上手な持ち方は、講義でもグループ討議学習でもできるが、目の前で各人が思い知らされるゲームがある。実施してみたらどうだろうか。

①　受講生全員を話し手（A）と聞き手（B）の2人1組にして、**図5**（120ページ）のように教室一杯に散らばって全員、好きなところに座ってもらう。

②　座る位置は聞き手（B）は話し手（A）と直角の位置を取る。つまり、話し手は聞き手の横顔を見ているわけだ。

③　この用意ができたら、話し手は聞き手に（聞き手の横顔に向かって）、「今までもっとも愉快であったこと（あるいは、腹が立ったこと）を2～3分間、語る。

④　このとき大切なことは、聞き手は次のことを守る。

・絶対に話し手を見ないこと。つまり終始、横顔を見せていること

・言葉や動作による相づちを打たないこと

・表情にもおかしさ、楽しさ、悲しさ、哀れみ、苦しさを浮かべないこと

・全員が同時にしゃべるから、隣りや前後のコンビの影響で自分の相棒の話が聞き取れないことがあるかもしれない。この時は耳に手を当てて聞き取ろうとするのはよいが、「え？」「ちょっと聞こえないな」などの呼びかけはしない。

⑤ 話し手の陳述が全員終わったら、リーダー（事務局）は何組かの話し手（A）に、話している時の気分や欲求や不満についてインタビューする。

⑥ 次に何組かの聞き手（B）に、聞いている時の感想についてインタビューする。

⑦ 今度は対面して、同じ役割で話題を変えても、同じでもよいが話してもらう。聞き手は十分に相づち、合いの手、質問等をする。

⑧ 時間があれば、役割を交替して③④のように実施させる。

⑨ 日常の話の仕方と違うムードと結果について、「では日頃どういうコミュニケーションを心がけるか」についてリーダーはまとめていく。双方向のコミュニケーションでは反応を示すこと、反応が出るように誘導することが必要と結んでいく。

余談だが、このゲームを「石の地蔵さん」「野田の案山子《かかし》さん」と名付けたのは、地蔵さんも案山子さんも無表情で、何事があっても〝我関せず〟で、関心もなければ、関係を持つつもりもないという超然としたありさまにかこつけている。全員、爆笑やら涙を零して笑い転げるやらで盛り上がるゲームである。

49 現実模擬場面をロール・プレイングで学習する

ロール・プレイング（役割演技＝以下、ロープレ）という研修技法がある。ある役割を想定して、それを演技する者、その相手役、観察者、評価者を決めて実施する。新入社員対象では、挨拶（お辞儀）の仕方、電話のかけ方・受け方、名刺交換の仕方、敬語の使い方といった、日常きわめて基本的な題材で活用できる。

たとえば、名刺交換に例をとるなら、この行われる場面を3場面とするなら、名刺を出す人（演技者）を受講者の中から3人選出。その名刺を受け取る人（相手役）を3～5人選出する。名刺交換は必ずしも1対1ではないからだ。1場面演技者1人、相手役1～2人、評価者は講師あるいはこれに準ずる人。観察者は演技の場面を観察する人で、演技者・相手役・評価者以外の全員。

ここで、演技というと芝居かという誤解があるが、台本どおりにセリフを上手に言うことだと思われるような技法の名称だから無理もない。台本は演技者が自由に作ればいいのだ。

たとえば、「上司を訪ねてきた来客が面談が終わって帰る時、来客に部下の新人を紹介した。その際の名刺のやりとり」「相手先を初めて訪問して用件を告げる。その際のやりとり。相手先もたまたま新入社員、そこで初対面の名刺交換」といったように、大まかな場面だけを設定して、実際のやりとり（演技）は受講生に任せればよい。

１場面が終わるごとに評価者は観察者に今の演技のよかった点、まずかった点を聞いて、それが出つくしたら、ではどうすればよかったか、再度演技してもらい、こうした方がよい、こういうやり方はしない方がよいなどコメントしていく。評価の段階で、演技者と相手役の意見や反省も聞く。また、観察者も「自分だったらこうする」「こうしてはいけないのか」など、いろいろ疑問や質問も出るので、巧みにさばきながら対応していく。

こういう場面を講義で実施すれば、たかだか2～3分で終わることも、ロープレでは１場面20分もかかることがある。それだけ受講生は、実務では上手に実施して恥をかきたくない、会社の評判を高めたいと切実な思いを持っているのだ。

ロープレ指導に評価の高い社外講師は、演技者や相手役の演技の巧拙に捉われない。あくまで応答の是非に視点を当てていく。馴れていない社外講師や社内講師は「ウン、うまくやったね」などと評価するので、観察者は「自分はアソコまでは上手にできない」と思って、次の演技や観察に尻込みしてしまう。こんな点も考慮してロープレを実施したい。

図 5　「石の地蔵さん」「野田の案山子さん」ゲームの配置

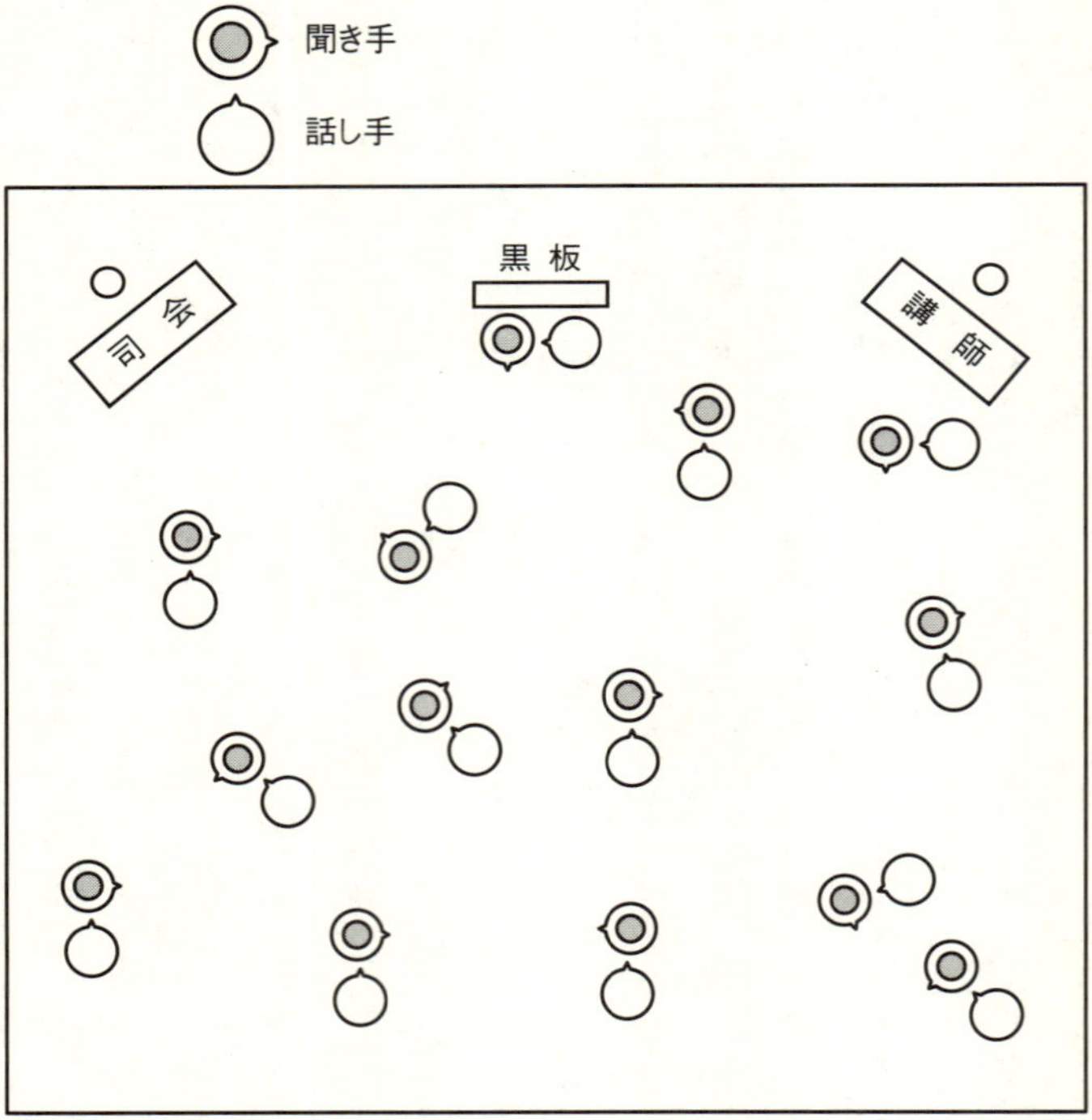

第4章 研修事務局は受講生を「お客様」にするな

50 〝研修事務局・講師・受講生の三者一体で生きいきした研修〟を

民俗伝承芸能のひとつに「筑波山ガマの油売り口上」がある。そのサワリは——

♪　山寺の鐘がゴーンゴーン鳴るといえども、法師来たって鐘に撞木を当てざれば、鐘が鳴るのか撞木が鳴るのか、トンとその音色は分からない、サーテ、お立ち会い………

といったものだが、民謡には「鐘が鳴るのか　撞木が鳴るのか　鐘と撞木の合いが鳴る」という言葉がある。別の説では「間が鳴る」というのもある。作家で宗教家の玄侑宗久さんは、合いを出逢いという関係性が発するサインというように解釈されている。

これはともかくとして、従来の研修（とくに企業内研修）では、ややもすると講師が主役であった。受講者は有名人講師のご高説や社内講師の「当社の現況と来期の展望」といった伝達事項を黙々と受動的に受け入れる存在であった。

研修は講師と受講者、両者の間を取り持つ研修事務局（以下、事務局）の「出合い」の中で作り上げていくものだ。講師が勝手なことを言って、ひとり陶酔し、受講生がその気勢や気迫に慄《おのの》いている状態であってはならない。また反対に、受講者が言いたい放題、や

図６　三者一体を図る

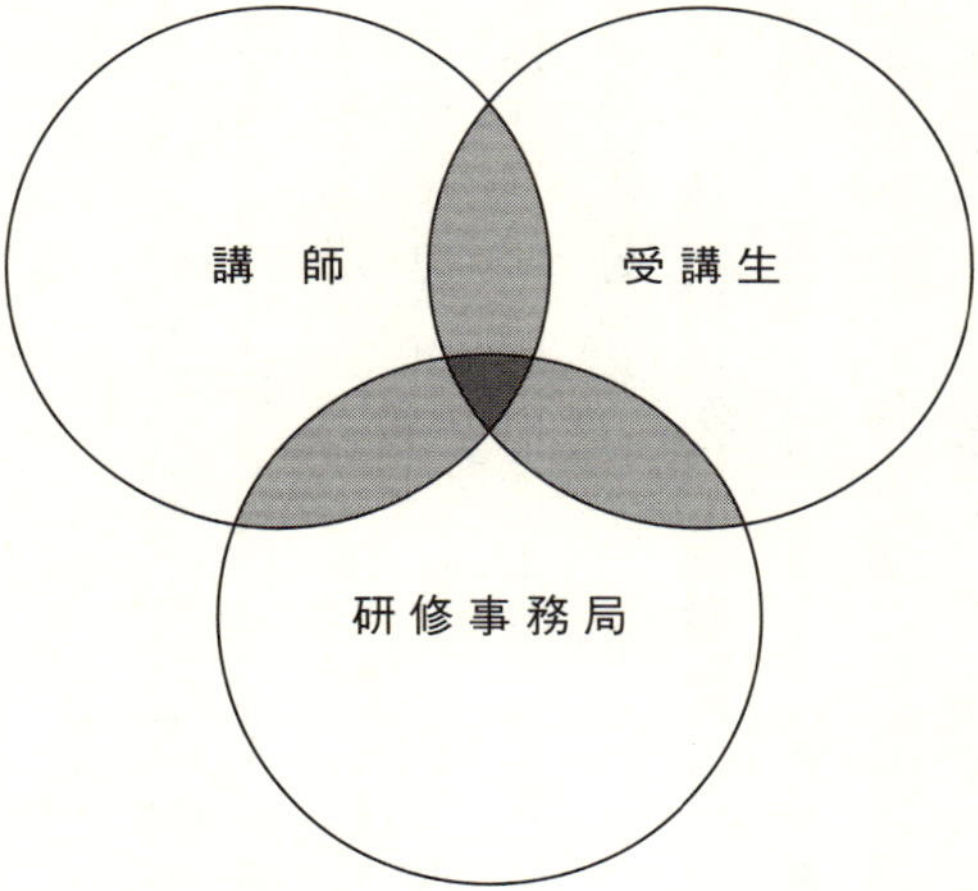

りたい放題で、講師がその陰で黙して語らず状態も異常である。さらに、両者の間に介在する事務局が両者を事務局の権威のもとに承服させたり、講師・受講者の意向に慄く小間使い（メイド）に成り下がっては、研修の価値や成果は望めない。

だが、結びつけたのは事務局である。研修効果の是非は事務局の機能にあることを見直すことだ。

51 事務局は受講生の介護役ではない。サポーターであれ

通勤での集合研修初日に見られる光景を描写してみると――

受講生は何も持たずに来て受付で名乗る。事務局は名簿をチェックし、筆記具とノートを渡す。研修で使用する資料も事務局が教室のテーブルの間を歩きながら渡していく。

午前・午後の休憩時間の飲み物、昼食の弁当は、担当の主管課（総務課、人事課など）の先輩女性社員が配って歩く。人数が多ければ6～7人は駆り出されるだろう。受講生が心おきなく研修に打ち込めるようにという事務局の心遣いだろうが、若い受講生にとっては、ただ黙って椅子に腰かけて講義を聴いているだけというのは楽なことではなく、むしろ苦痛なのだ。まさかエコノミークラス症候群は起こさないだろうが……。

さらに講義が終わって休憩時間となると、事務局は待ってましたとばかり、黒板やホワイトボードに書かれた字を消し、おしぼりを洗ったり、新しいおしぼりと交換したり、演壇の水差しの減り具合を確かめる。別の人は黒板消しに付いたチョークの粉を落とすためにクリーナーで操作する。稀にそれがない時は屋上や構内で、竹のムチで叩いて粉を叩き

落とす。チョークの数や減り具合も確かめねばならない。

こういったことの間を縫って、受講生からの遠慮がちな質問に親切に答えなければならない。稀に、緊張なのか体調不良なのか急病人が出ることがある。その面倒や世話、診療所への搬送などの世話もある。

こういう裏方の仕事は受講生の目の前ですることが多い。受講生は「私たちが研修に打ち込めるように、会社や先輩社員の配慮だ」と感謝する者もいるだろうが、「見たところ私たちより1～2年先輩らしいが、私も来年は今ごろこんな仕事もやらされるのか」と、複雑な表情を浮かべる者もいるのだ。

事は通勤研修のみではない。本社から離れた自社研修所、他の施設を借用しての合宿研修でも見られる光景である。いずれも研修事務局とは名ばかりで、受講生の介護役だ。受講者は決められた日程を「介護付き無料若年層ホーム」で過ごす住人になるのか。

事務局は介護に携わる役であってはならない。サッカーのサポーター役であるべきだ。スポーツは今までは「する」と「見る」とに大別されたが、Ｊリーグが導入したサポーターはチームを「支える」という役割に変えた。研修における事務局も、受講生や講師の「小間使い」（メイド）ではなく、「支持」「後援」する役割でありたい。

52 キャンプやテニス合宿のノリで合宿研修を受講させない

「では先生、時間ですからお願いします。受講生は全員揃いましたので」と事務局から言われて、朝9時ジャストに私は講師控室から教室に入った。

男女120名ほどのスーツスタイルの新人が一斉に拍手。やおら私が演壇に上がって全員を見回すと、学校式に並んだ彼らのデスクの上にはあちらこちらに缶コーヒーや日本茶、牛乳。なかには午前中から「午後の紅茶」。いうまでもなく、廊下の自動販売機から購入した飲み物だ。

――これはある金融関係の集合研修（通勤）シーンのひとコマである。

彼らは毎朝、こういうムードで最初の研修に取り組んでいるのだろう。もちろん、彼らに悪気はない。だが、学園の延長線上に職場があるという観念に支配されているようだ。

集合研修が人里離れた地の自社研修所や静かな山合いのホテルで行われると、その研修合宿に参加する意識はもっと弛緩してくるようだ。彼らの身支度は、

① 服装はトレパンやジーンズ、靴もスポーツ・シューズ

② テキストやノート以外に嗜好品も欠かさない（飴・煎餅・缶コーヒー等）
③ 個人の娯楽用テープレコーダーやカセットテープ（音楽）

何のことはない、キャンプかテニス合宿のノリだ。彼らは学生時代に学校の保養所や温泉地でゼミやスポーツの強化合宿をした印象や、その名残りがまだ払拭しきれないのだろうか。

事務局は合宿するに当たって、服装のことに触れなくとも当然、彼らは出社スタイル（スーツ）で、バッグにトレパンやジーンズを詰めてくると思っていたのかもしれないが。だから、くどいほど注意を与えてほしい。「合宿は毎日の職場の生活を、場所だけ研修所（保養所、ホテル）に変えただけだ。職場に出社する□□会社社員の意識で参加するように。だから、服装は必ずスーツ。携行する物品まで会社に出社するのと同じものだ。それにプラスして着替え品、運動着、簡単な生活用品持参で参加すること。合宿での集合研修は息抜きやレクリエーションとは違うのだ」と。

集合研修でプログラムの中にある電話応対の基本、接客マナーをロール・プレイングで実施する企業は数多いが、職場ではスーツスタイルやユニフォームで接客をするのだ。それをリラックスしたトレパンで演技しても、臨場感や切迫感は出ないのである。すなわち、「外相（外装）整って、内相熟す」である。

53 受講生全員に何らかの役を割り当てる

集合（合宿）研修で、睡眠時間は十分に確保してあるのに、なぜ居眠りが多いのかという疑問は、事務局を担当した人なら誰でも気づくはずだ。これは、ただ単に受講専門の立場に置かれているばかりだから、疲れて居眠りが出るのだ。

一日中、席に縛り付けられている状態で、初めて聞く実社会の講義に疲労困憊しない方がおかしい。座学の間にスポーツや体操、ランニング、ウオーキング、自由な散策などがスケジュールに組み込まれていても、頭脳と神経の疲労は根本的に解決されない。

同じ疲れるなら彼らに有意義な疲労を与えたい。決まった日程を力を合わせて乗り切らせるため、グループごとの役割集団をつくればよい。裏返せば、受講生一人ひとりに「役」を振ればよい。点呼係・配膳係・食器洗浄係・ゴミ処理係・研修日誌作成係・資料配布係・コーヒーブレーク係・講師送迎係・講師紹介係・買い物係・事務局との連絡係・施設管理人との折衝係など、研修の形態や日程によってさまざまなグループの構成や係のメンバー・チェンジも考えられる。

誰かが何かの役割を担当するとして、各グループの人員だが、全体の人員の数にも影響されるが、まず１グループ５～７人といったところだろうか。そして、各グループには必ずリーダーを選出して、最終責任はリーダーが負うようにしておく。全体の人数が多ければ、とくに１日３食をそのつど一ぺんに全員で摂るなら、配膳係や食器洗浄係は１組では仕事が進まないだろう。この時は３組にするなど、臨機応変の処置が必要だ。

福祉用品のＦ社では研修所の外に車で往復する買い物係のリーダーをメンバーたちはシャチョウと呼んだ。社長ではなく「車長」。こういう発想は若い世代には敵わない。

繊維関係のＴ社では３食の食事の際、親しい者同士がどうしても固まって座る傾向にあるので、配膳係はアルファベット順に座ってもらったり、出身地方別にしたりして、みんなから好評を得た。社内講師として出席した役員や管理者も別卓や別室で食事を摂るような例外はつくらない。配膳係の決めたルールに従って摂っている。

このように受講生自身に役割を与えると「これは自分たちの研修なのだ。みんなで盛り上げなくては」という意識になり、積極的に行動するものである。キチンと役割分担のできている研修は受講生も楽しそうで、例外なくその研修は成功している。事務局は受講生を〝上げ膳据え膳〟だけの「お客様」にさせない研修にすべきである。

（注） ここに取り上げたグループは討議学習グループ（１０４ページ）とは異なる。念のため。

54 事務局は自分が動くためにあるのではない。人を動かすためにある

124～125ページのような事務局の活動は、受講生が気持ちよく学習できるようにという気配りだろう。しかし、度が過ぎて小間使いになっては、受講生は事務局を研修担当者として尊敬の目で見ることはない。事務連絡や指示も軽んじられるのではないか。

受講生にできる範囲のことは受講生に任せるべきだ。あまりにも自分から忙しく動きすぎる事務局が、忙しさに取り紛れてプログラムの円滑な進行や運営を欠いたり、招いた社外講師に失礼なことがあったら本末転倒である。

自分が動くのではなく、人（受講生）を動かすことを考えるべきだ。そのために受講生に役割を与えるのだから（128～129ページ）。だから毎日、毎時、研修開始の挨拶や司会的なこともグループをつくって分担させればよい。そうすることで、受講生は研修開始にはどうすればみんなを動機づけられるか、気分よく研修を進めるにはどのようなことに気を配ることが必要かを、体験的事実として学ぶことができる。

こういう体験は講義では得られないものである。自ら忙しく動き回る事務局は、受講生

が身をもって体験するせっかくのチャンスを奪っているといえる。

とはいえ、実際問題として彼らに任せていてはモタモタした進行ぶりで、結果的に進行が滞る。早い話、「自分がやった方がはるかに全体の進行は円滑に進む。こう言っちゃナンだけど、私は長年この仕事をしてきたし、大抵のことは眼をつぶっていてもできるから」という自負も聞こえてきそうだ。

中年と呼ばれる年代になると、仕事の経験は十分に積んでいる。自信もついているはずだ。自分に自信がつくと「もうこれでいいんだ」と思い、向上心や反省を失う。それが「眼をつぶっていてもできる」という言葉になる。もちろん、実際に眼をつぶっていてはできないが、自分なりの流儀を打ち立てているということだろう。つまり、仕事に対して自分なりのマニュアルが確立しているわけだ。

しかし、マニュアル化された仕事の中からは予定通りの結果しか生まれない。また、マニュアルにどっぷり浸ってしまうと、予想外の事態が発生した時に柔軟な対応ができなくなる。簡単にいえば、仕事の経験を積んだ中年ならできて当然の仕事しかできなくなる。さらに〝馴れ〟や慢心が時に大きな失敗やトラブルを引き起こすものだ。

こういうことを考えると、受講生に任せることは、ベテランの事務局員への大きな刺激や仕事の見直しにもなるのである。

55 担当者は受講者と教室で同席して、反応を感得することが大事

社内外の講師の紹介だけすると教室や講堂から姿を消し、また終了間際にやって来ては閉講の挨拶をする担当者（事務局）がいる。担当者は「講師にお任せして、自分がいない方が受講生は伸びのびできるだろう」という配慮かもしれないが……。

講師の講義、グループ討議学習、ゲーム学習にすべて1人の担当者（事務局）で済ませるということではない。盛り沢山の教科なら事務局も人数を増やして、内容や日にちによって分担してもよい。つまり、いつも誰かが教室や講堂にいるということである。

皮肉なことだが、たまたま同席していた担当者が尿意を覚えて席を外した時に、講義中の講師が事務局に何か頼みたいことができたが、彼が不在のため果たせなかったという事態が発生することだってある。

同席せず、また同席してもたびたび席を外しておきながら、控え室で「いやあ、先生、すばらしい講義でした」では、講師は少しも嬉しくない。講師としては、受講生と一緒に担当者も同席した上で、「よかった」か、「よくなかった」かを率直に言ってもらいたいの

である。講師とその研修方法が受講生のニーズやレベルに合っていたかどうかは、同席して細かく観察してつかめるものだからである。

同席もせずに、受講生の感想だけを聞いて講師を評価してはならない。「よくない」という受講生の講師評価の実態は、講師ではなく受講生にこそ問題がある場合もあるのだ。

講義だけではなく、集合研修の効果の真偽は担当者自身の眼で確かめてこそ価値がある。受講生の一方的な報告や感想だけでは、実情は分からないものである。

さらに、担当者が同席して熱心にノートをつくりながら聴講している姿は、講師と受講生に大きな励みになる。このことはまず講師の熱情を掻き立てる。担当者が同席していなければ、「なんだ、受講生だけか」と講師の心に緩みを与える。その心の隙が受講生の感情を変えていくことだってあり得るのである。

一方、受講生の方は、忙しい事務局の仕事と並行して担当者が聴講している態度を見て、他人事と思うことはない。そのムードに巻き込まれることが大きいのである。受講生をも熱心にさせていく。講師の熱情と担当者の真摯な態度との相乗効果が、受講者への受講意欲に火をつけるのである。

ただし、担当者が受講生と一緒に同席はしたが、受講生に先駆けて居眠りに専念するなら、もう何をかいわんや、である。

56 社外講師の紹介は受講生にさせる

社内講師、たとえば社長や役員、部課長が受講生に講話する場合、まずは簡単な紹介を担当者がするのが普通だ。では、社外講師の紹介は誰がする？　通常はやはり研修事務局の責任者だろう。だが、出講を依頼した段階で、講師紹介は受講生に担当させてよいかどうかを確かめ、講師の許可を得てから実施したい。もちろん、なぜそれをさせるのかというネライや趣旨を話しておく。許可があれば「講師送迎係」「講師紹介係」の出番だ。

会社外の研修施設でも会社内の会議室で実施する場合でも、できるだけ事前に講師と係は接触を図っておきたい。係に講師紹介をスムーズにするための紹介情報を獲得させるためだ。そのためには講師が到着してから、担当が係を呼び込んで講師に引き合わせて、どう紹介するかインタビューさせるよりも、可能な限り接触時間を多く持ってもらった方が紹介の仕方を身につけさせるには便利だ。

このために、会場の最寄り駅まで送迎係と紹介係が出向いて顔を合わせておくことだ。出迎えは送迎係、紹介係1名ずつでよいだろう。駅頭での初対面の挨拶と会話から始まって、どのように紹介したらよいか、講師はどういう経歴か、最近の著書・趣味など話が弾めば弾むほど、紹介係は緊張もあるが楽しくなってくるだろう。また、送迎係は社用車で迎えに行くなら運転手として勤めてもらえばよい。

さあ、いよいよ講師を紹介する係の出番だ。こんなシーンで始まった。講師が廊下から大会議室に入室する。紹介係の声が響く。

「皆さん、お待ちかねの伊藤先生です。拍手でお迎えください」

送迎係の女性が講師に定位置の椅子をすすめる。

「それではこれから伊藤先生の『新入社員の常識と非常識』というご講演をお聞きすることになりました。最初に私、遠藤から簡単に先生のご略歴を皆さんに紹介します。――――ということです。実は私、先生をご紹介するに当たって、森井さんと一緒に××駅にお迎えに行ったのですが、困ってしまいました。先生から車の中で常識のない新入社員だと思われたらどうしようと思っていたのですが、先生はとても心の温かな方で、『遠藤君、最初は誰だって完全じゃない、もまれて一人前になるんだよ』とおっしゃってくださいました。とても親しみ深い先生です。では先生、よろしくお願いします」

部課長による上手だが定型的な紹介よりも、上ずった声でも何とかして自分の意図を伝えたいという、荒削りな紹介に会場は沸くだろう。

57 うっかり忘れる「おしぼり」で失態を演じない

いつごろから始まった習慣か知らないが、演壇には「水差し」と「おしぼり」が用意されるようになった。水差しだけ、おしぼりだけ、水差しとおしぼりの両方、といった用意のいずれかである。だが、講師の中には、水差しには全然手をつけない人もいる。だから、水差しを用意してくれるなら、おしぼりをこそ用意してほしいものである。女性講師なら全員が水差しには手をつけないと言ってよい。

おしぼりは汗拭き用よりも、黒板使用の場合の手についたチョークの粉を拭き取るためだ。もしおしぼりがなければ、チョークの粉のついた手で衣服や教材に触れる。その結果、終わり頃は講師の服や教材はあちらこちらに赤・白・茶・黄色の粉が付着する。

講師は無頓着であっても、受講生の中の神経質な人、清潔な女性はハラハラして講師の話もうわの空ということがある。

また、講師によっては水を飲まなくても、講義の中でコップなどを小道具や教材として利用する人もいるので、事務局は一応は水差しの用意をすることだ。実際は受講生の中の

「研修運営係」が担当することになるが、おしぼりはできれば2枚用意して机上に置くのがよい。1枚は汗拭き用、もう1枚はチョーク拭き用である。

また、学習の開始時に机上に並べたからそれでよいというものではない。休憩時間には新しいものと取り替えるほどの配慮がほしい。そして、いつでもそれを出せる準備をしておきたいものだ。

いちばん困ることは、講師の方から「恐れ入りますが、新しいものを持って来ていただけますか」と言われることだ。慌てて係がそれを取りに行ったのはよいとして、なかなかそれが現われないことだ。講師はその間、講義を中断するわけにはいかないので、渋面をつくりながら講義を続行するが、ハラハラしているのは受講生だ。こういう手抜かりが研修ムードにヒビを入らせることになる。

研修ムードにヒビを入らせるといえば、講師持参のご自慢のスライドも、講師がすっかり悦に入って、説明の声も高らかに「――ということになったのですが、はい、次」。ところが、係の手違いなのか、スライドの不備なのか、サッと次の絵が出てこない。講師は気勢は削がれるわ、照れくさいわ。研修生は白けるわ。係は慌てるからますます頭の中は真っ白になるわ。事務局もオロオロ、ドギマギ……

おしぼりやスライドの失態も準備不足、照合不足といえよう。

58 コーヒー・ブレークは研修時間と同じ価値がある

午後1時からの学習が延びて、3時からのコーヒー・ブレーク（お茶の時間）に食い込んできそうだ。スケジュール通り3時の休憩を20分間取れば、以後の時間割に食い込んでくる。「では、3時の休憩は10分間にしよう」という事務局がいるが、きちんと最低20分間は確保することだ。以後の時間割は内容にもよるが、夕食時間をずらすなどでやり繰りしてほしいものだ。

研修密度が濃くスケジュールに追われ、厳しい研修であればあるほど、午後3時前後には受講生は疲労と眠気に襲われる。これは受講生の緊張不足ではない。研修で根気と緊張があれば、その反動で疲労と眠気が噴き出してくるのだ。コーヒー・ブレークは疲労と眠気を取るために必要不可欠なものである。

受講生は研修時間中は講師の話やグループ討議の内容に、視覚と聴覚、それに全神経を行き届かせている。その後のコーヒー・ブレークはコーヒー（他の飲み物）の味覚を味わい、カップの温もりを手で感じ、香りの高いコーヒーなら嗅覚を楽しませることができる。

研修中の感覚器官とは別の器官による癒しを受けることができる。

さらに、受講生同士のとりとめのないおしゃべりが、さらに眠気を追い払う。コーヒーブレークも「お茶の時間係」の担当だが、結構、他のメンバーも手伝ってくれるものだ。この間に事務局が各人の間を遊弋《ゆうよく》して雑談（chitchat）に興じることで、ひとときの憩いを双方で味わえるし、受講生のナマの感想やら疑問にも答えることができる。「人は呑んだとき（酒）にホンネが出る」と言うが、集合研修は呑み会ではない。だが、コーヒー・ブレークがこの肩代わりを努めてくれるなら、大いに活用すればよい。

だからこの小休止は少なくとも20分間は確保したい。スケジュール表では休憩時間に位置づけているだろうが、実質的には研修時間にも匹敵するものである。一見するとムダな時間、余計なコストがかかると錯覚している事務局もいるようだが、大きな誤解である。わずかな経費をケチって、研修効果を大きく減少させてはならない。

研修効果を減少させている例は少なくない。一応3時の休憩時間は置くが、飲み物は建物内の自動販売機で次の開始時間を気にしながら、各人が自腹を切って勝手に購入し、勝手に立ち飲みし、飲み終わればそばのゴミ箱にポイ捨て。また、こういうムードの休憩時間ほど、各受講生はデスクに突っ伏して居眠りに余念ない。どうやら、夢の佳境に入るか入らないかのうちに次の学習では、事務局は所期の成果を求められるだろうか。

59 食事の良さは研修効果を左右する

受講生にとっては、食べ盛りの青年期で四六時中拘束されている合宿研修では、3度の食事が唯一の楽しみであり、憩いのひとときでもある。この時ほど寛《くつろ》ぎと解放感を覚えるものはない。「ここの朝食はいつもバイキングですって！」「まあ、ステキ！」。こんな小さな楽しみが大きな成果に間接に寄与しているのである。

ところが、この期待が無残にも破られることがある。研修初日、初めての夕食。期待に胸を弾ませて館内のアナウンスに促されて食堂に入ってみれば、どんぶりに盛り切りのメシ、干からびた魚、自分の目玉が写っている薄い澄まし汁、少しばかりの煮物に香の物。すでに他の企業の新人らしい若者たちは黙々と箸を使っているが……。

こういう施設で管理者研修を受ける部課長なら、研修最初のオリエンテーションで、アルコール禁止というお達しを聞かされたばかりなら怒りも沸騰するだろう。

「冗談じゃねえよ、研修だからアルコール禁止は分かるよ。だけど、こんなまずそうな献立に、ホトケ様じゃあるまいし一膳メシとは、いったい何のつもりなんだ。人事課は何を考えてこんなところでやるんだよ」

「食べ物の怨みは怖い」というが、食事がよくないと研修受講者の気持ちがどことなくトゲトゲしくなり、険悪な空気が漂うのは、仕事でベテランの管理者も、西も東もまだ分らない新入社員でも同じである。

粗食に耐えさせることが研修の重要な一つの目的ならよいが、通常、研修における食事とその時間の過ごし方は、明日のエネルギーとなることが前提となっている。それを何百人も食堂に詰め込まれ、セルフサービスで追い立てられるようにして食べなければならない施設の食事は、明日の英気を養うどころか、苦痛を受ける場所であることは利用した人なら誰しも感じることだ。

したがって、研修会場を選定する場合、食事の状態まで調査したい。というのも、１日だけの研修ならたった1回の食事だから受講生もあきらめるが、数日間の宿泊研修になると、食事が美味しいかどうかは受講生の士気にまで影響してくるからである。

若い世代は、「食事の質は多少落ちるかもしれないが量は多い方だから」という理由で当該施設を喜ぶ飢餓世代ではない。量は少なくても質の良さを得たいのだ。メシたっぷりのカツ丼や親子丼より、量は少なくてもハンバーグに野菜サラダ、それにコーヒー付きなら十分なのだ。なにしろ現代っ子は「キカンボウ（飢・寒・乏）なき世代」なのだから。

60 女性受講生にささやかな配慮を

かつて、女性が働くということは男性の補助者としてお茶汲み、コピー取り、デスクの清掃、使い走りが中心であった。だが、こういう時代は終わり、女性の価値と成果が次第に認められるようになって、今や男性を凌ぐほどまでに女性の働きは素晴らしく、採用も増えて各社に新人女性の研修が目立つ。

男女混合で研修をすると、白熱化してくると微妙な男と女の差、いわゆるジェンダー・ギャップが出てくる。女性の持つ美意識の高さ、清潔感、感情の変化、環境から生じる情緒不安定、慎み深さ、目標の直線的な洞察感など。こういった特質を、事務局は研修で考慮してほしい。その配慮を参考までに具体的にいくつか示しておこう。

① グループ討議学習で女性グループのデスクに一輪挿し（精密機器、S社にて）

今までの学習は男女混合のグループが5組だったが（1組男女6～7人）、あるテーマ（「社会人としての男らしさ、女らしさ」）の時、女性だけの学習グループを2組（1組5～6人）つくった。だが、なかなか討議は進展しない。そこで私は事務局に耳打ちして、施設の事務室ほかから一輪挿しの花瓶を2個借りてきてもらい、討議中の両グループの机の真ん中に1つずつ置いた。これがとても喜ばれた。私の株はグンと上がった。

② 女性用トイレの臨時増設（事務用品企業の合同集合研修）

2日間の通勤研修で、施設は業界の会館。受講生は１７０人ほど。私は2日目の午前・午後、合計6時間の講義担当。4月上旬の寒い日。事務局に頼んで、あるフロアーの男女トイレを女性専用にしてもらったことがずいぶん喜ばれた。ご存知のように女性のトイレは使用時間が長い。女性の方が多い会合では休憩時間に女性用は混み合う。その緩和を考え、寒い日だったのでトイレ休憩を増やしたことがよかった。

何か本項では、私の自慢話のようになったがお許しを。これからは事務局に新人女性受講生の人数の多寡にかかわらず先輩女性社員を配置し、気がついたらどしどし意見を言うように指示することだ。同時に、女性事務局員も教室に顔を出すように指示しておく。そうすれば、かなり事態は違うかもしれないし、私が口を挟まなくてもよいだろう。

また、男性の講師や事務局員の言動で、男性なら聞き逃している言葉や態度でも、女性受講生は心に引っかかることがある。それを女性事務局員に打ち明けることができる。また男性では分からないこと、また男性には聞きにくいことの要望も女性事務局員には話すことができる。

61

毎晩の「振り返り」で翌日につなぐ

会社のオフィス、工場などで始業時に「朝礼」（「朝会」「モーニング・チェック」）から一日を始める企業は多い。朝礼の代わりに終業時に「夕礼」（イブニング・チェック）を実施する会社もある。多忙な会社は毎日ではなく、週初・週末実施だ。いずれにしても、仕事の開始・終了のケジメをつけるセレモニーにしている。

このイブニング・チェックならぬナイト・チェックを、集合合宿研修で毎晩、入浴・就寝前に実施したらどうだろうか。毎日、通勤研修で夕方終了なら、文字通りイブニング・チェックになるが……。どちらの研修でも連日、終了時は慌しいものだ。

「さあ、終わったな、いやぁ、今日は疲れたよ。さて風呂入って寝るか」

「今日も終わったか、どう？　○○クン、帰りに用事あるのか？　じゃ、どうだい？駅前でちょっとコーヒーでも飲んでいかないか」

受講生たちがこんな形でダラダラ終わるのは、何かケジメがない。また、翌日の健闘に備える姿勢ではない。できれば全員で、それが無理なら各教室ごとに本日の学習を振り返り、明日へのつなぎをつけていきたい。たとえば、こんなふうに――

事務局「３日目の学習お疲れさまでした。よく研修は３日目がきついといわれますが、昨夜に比べて今晩はどうでしょうか。ちょっとチェックしてみましょう。昨夜より今晩の方がきついと思う人、手を挙げてください。では昨夜の方がきつかった人は？　なるほど、今晩の方にやや多く上がりましたね、でも明日はどうなるかな。ま、それはそれとして、本日はこういうことを朝から学習しました。最初は何でしたか？　〇〇クン。はい。それで△△さん、最初の学習で得たものは？」

こんな形で、常に受講生を指名し発言させながらまとめていく。

「さあ、明日のプログラムは日程表では…………です。本日の学習は…………がネライでした。明日の目標は…………です。では明日も頑張ってください。では、最後に各生活係のリーダーからの連絡を伝えてもらいましょう。まず、買い出し係から……。そのあと〇×係、△▽係お願いします」

「では今晩はこれで終わります、何か質問は？　ハイ、それでは、皆さん、どうもお疲れさん。これで解散します」（全員で拍手）

この振り返りに使う時間は20～30分ほどは見ておきたい。

62 研修模様を社内に知らせる

新入社員研修は、もちろん新入社員が学生から社会人に脱皮するための、基本的知識の習得であり、仕事の流れや技術の把握であり、社会人・企業人としての思慮分別やマナーの体得などである。

だが、新入社員以外の社員が「私は今年入社したわけではないから関係ない」「オレは技術も分別も身につけているから新入社員とは違う」と思うのは自由だが、内定が決まって入社前研修を終わり、卒業して晴れの社会人としての集合研修にいま取り組んでいる時、彼らとは関係ないとか違うとは言えないはずだ。

近く集合研修も結末を迎え、その中の何人かが、関係ないといま突き放すような言い方をしている先輩社員の部署に配属されてくる。自分の良きアシスタントにするか、足手まといになるかは、先輩社員の力量にかかってくるからである。

事務局は今までも新入社員の動静については次のように全社員に伝えてきたはずだ。

・社内報で入社前研修の模様を写真入りで紹介

・同じく社内報等で内定者の期待の声や内定者の座談会

・そして集合研修が始まってからは通達・回覧等で、人事部長や研修担当者の連絡報告文書ばかりか、社員食堂、談話室等でもポスターなどで現在研修中ということの掲示

話はとぶが、工場や研究所等の現場では、昼の社員大食堂は活気に満ちている。いくつかのコーナーには大型の液晶テレビ、プラズマテレビが備え付けられ、食事しながら見入っている社員が少なくない。ニュースや昼のドラマに花を咲かせる社員もいる。

そこで、こういうテレビで、集合研修のシーンをビデオ録画したものを毎日、先輩社員たちに見せたらどうだろうか。講義風景、グループ討議学習、ロープレ学習など。「○月△日、集合研修第５日目、名刺交換のマナーと実際」などとテロップをつけて流せばよい。もちろん、食事時間中にすべてのシーンが見られるわけではないが。

「新入社員も結構やるねえ。彼らが配属されてくるのが楽しみだな」

「いま写っている彼の取り組み方はいいね、ああいう連中が今年は多いね」

「今年はウチはいい人材に恵まれたらしいな。よし、配属されてきたら、鍛えるぞ」

などの感慨で、先輩社員のいい刺激になる。

新入社員研修中とは知っていたが、こういうことをやっているのかと、少しでも研修を巡って先輩社員と新入社員との情報差を埋める役に立てばよいことではないか。

63 終了時のアンケートは必ず研修時間内に行う

せっかく研修をしたのに、終了時には事務的な連絡だけで、報告書はおろかアンケート調査もしない事務局がある。これでは〝仏つくって魂入れず〟で、研修のやりっ放しである。研修の感激や感想がまだ醒めやらぬうちに、感想や批判、意見を求めることは、次の研修（配属後研修）、さらには来年度の研修の企画上、大いに参考になるのに……。

このアンケートには記名式と無記名式とがあることはご存知だろうが、記名式は意見や感想に責任を持たせる面では大切だが、なかなかホンネは書かないものだ。とくに「良くなかった」という結果は新人は書かない傾向にある。

したがって、無記名式の方が真実の意見（本心）が出やすい。それも単なる○×式のものばかりはやめる。必ず自由に感想や意見を書かせるスペースをつくっておく。「受講後の率直な感想や意見、異見、異論をどうぞ」という項目を必ず設けてほしい。

さらに、書かせる（記入させる）項目はあまり多くない方がよい。10項目以上も書かなければならないアンケートは、用紙を見ただけでウンザリして書く意欲が萎えてしまう。

せいぜい7、８項目だろう。記入時間は10～15分は短い。30分は取りたい。

いちばん良くないのは、すべての予定スケジュールが終了したのに、「では、これからちょっと残ってもらって、アンケートに記入してから帰ってください」という指示だ。

受講生の中には次の配属後研修までに５日ほど自由時間ができたので、すぐ帰省する予定の人がいる。そのため飛行機や列車の時間を気にする人もいる。そこで、誰言うとなくブツブツ文句が出ると、

「では、○月×日必着で郵送あるいはFAXで送ってください」

これがいちばんみっともない。研修スケジュールの杜撰《ずさん》さを見事に露呈している。

研修プログラム決定時にアンケート記入時間を組み込んでおくことだ。もちろん、受講生に配布する時間割にもそれを入れておく。アンケートを書き終わると、ちょうど予定の研修が終了になるというのが理想的だ。そうすれば受講生も落ち着いてアンケートに取り組むことができるので、良い内容のものが集まる。

要するに、通勤研修であろうと合宿研修であろうと、それが終わってホッとした安堵感と感激が残っている状態の中で、集合研修最後の仕事――アンケート記入――を終えたという実感を受講生に与えることだ。

64 新しい人生の旅立ち——入社式の演出法

受講生の決意を新たなものに結実し、学生時代の雰囲気から訣別させるため、入社式の持つ意義は大きい。入社式は各社の新入社員研修のスケジュールにもよるが、だいたい次のような位置づけになっている。

① 3月中旬から下旬までに集合研修を終了して4月1日が入社式（07年は4月2日）
② 集合研修の間に入社式を行う
③ 4月早々の入社式後に集合研修に入る

いずれにしても、入社式は新しい人生の旅立ちとして厳粛に行いたいが、歓迎会（会食や植樹、記念撮影、父兄招待、人文字（上空からチャーターしたヘリコプターで撮影）、社長が新入社員と1人ずつ握手というセレモニーがある。なかには、集合宿研修を終わって、一同バスで会社前に到着。何も知らない新入社員たちが会社の門を入ると、先輩男女社員が両側に並んで笑顔で「おめでとう！」「頑張って！」と激励し、折り紙で作った紙吹雪を浴びせる。その中を新入社員たちが上気した顔で通る。着いたところが会社玄関という趣向を凝らしたものもある（入社式は社内大会議室で実施）。

さて、意義のある入社式を成功させるために、事務局は次のような配慮をしたい。

① 入社式出席予定の役員の日程を早めに押さえておく
② 労働組合執行部（三役）からも代表で出席してもらう
③ 入社式次第を会社側出席者と新入社員の両方に交付しておく
④ 入社式の模様を社内報に掲載したりビデオに録画するなら、その係に手配しておく
⑤ 入社式会場を早めに決めておく。自社以外で利用者の評判の良い会場は、この時期は冠婚葬祭等で1年前から契約済みというところもある。
⑥ 自社食堂で行う場合、時間によっては社員の昼食時間とぶつかることがあるので、段取りを良くしておく
⑦ 必要以上に新入社員が緊張しないように、事務局や司会者は柔らかなムードを出す
⑧ 「まだ役員や来賓がそろっておりませんので、もうしばらくお待ちください」などと、司会者が詫びるような醜態は演じないようにする
⑨ 労組代表の挨拶に、いわゆる組合用語の使用は慎むように依頼しておく。新入社員は組合用語を聞いても分からない者が多いからだ。
⑩ 来賓挨拶をしていただく場合は、スピーチの持ち時間、話し手のプロフィール、挨

拶の人数等を事前に打ち合わせておく。人数は3、4人で十分だろう。来賓や会社関係者の祝電は来賓挨拶の前後でよいだろう。

⑪ 先輩社員挨拶は男女1人ずつ。時間は1人3~5分程度。新入社員代表挨拶も同様

⑫ マイク・スピーカーの調子を事前にチェックしておく

⑬ 入社式の時間は1時間から1時間半、すなわちトイレ休憩のない長さを考えればよい。会食・記念撮影等のセレモニーは別計算である。

次に入社式のプログラムだが、次のような順序で執行すればよい。司会は研修主管部署が担当する（ここでは人事部研修課とする）。

① 司会者挨拶（研修課長）

② 開会挨拶（総務部長）

③ 社長挨拶

④ 会社役員紹介（総務あるいは人事部長）と役員代表挨拶（専務取締役）

⑤ 労働組合挨拶（執行委員長）

⑥ 来賓挨拶

⑦ 先輩社員の歓迎の言葉（男性・女性）

⑧ 新入社員代表挨拶（男性・女性）

図７　入社式会場案内

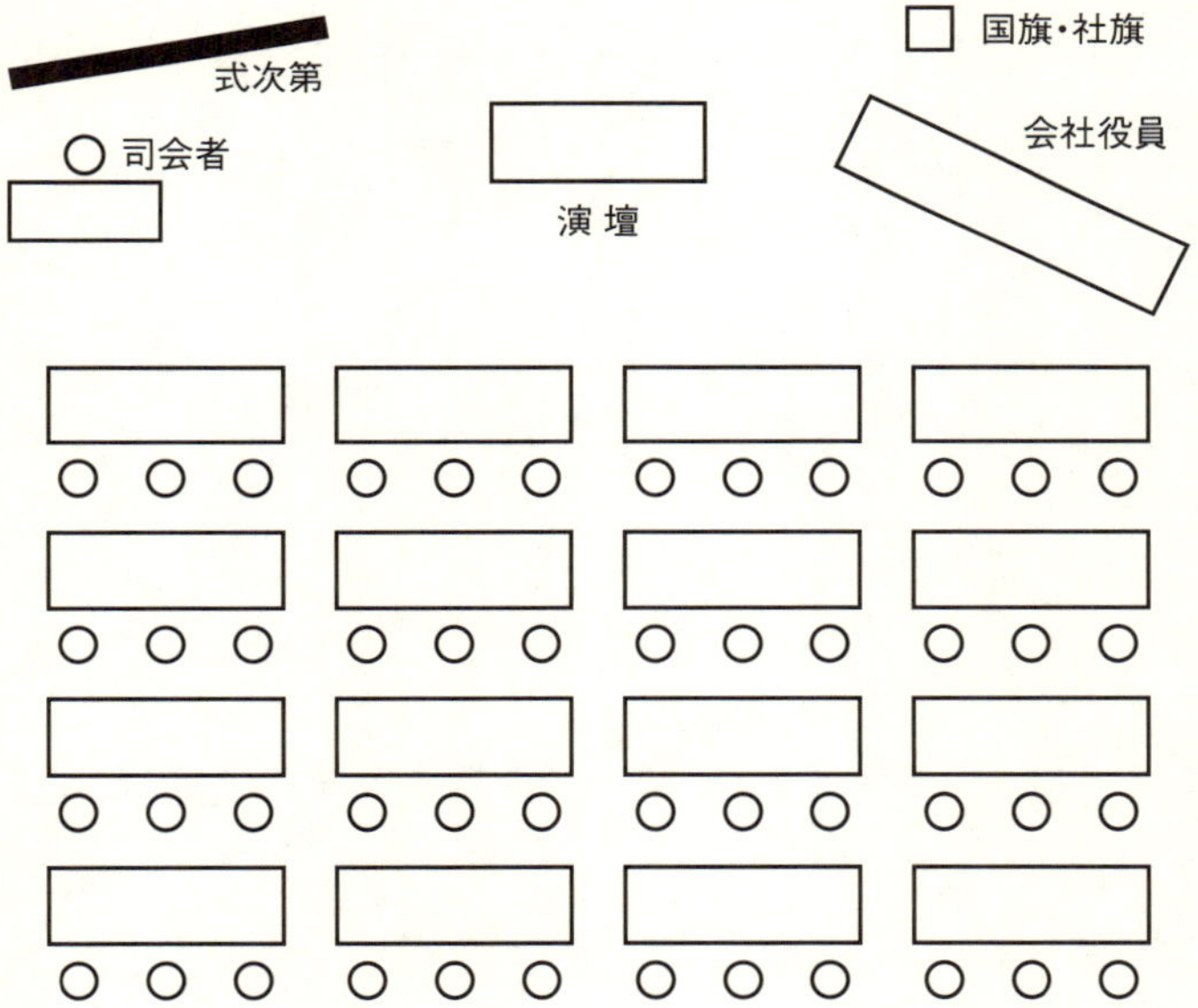

⑨　辞令交付と配属先発表
（人事部長）
⑩　閉会挨拶（総務部長）
（注）⑨は別途実施ならここ
ではカット

第5章
社外講師の頼み方、選び方、使い方

65 上司が講師を頼まれたら、ここに注意して話す

社内に研修所、トレーニングセンターなどを設置している企業は、研修専門のインストラクター、トレーナー（いわゆる社内講師）たちに、階層別・職域別・職能別・課題別などの研修を担当させている。毎年春先の新入社員研修の時期はまさに書き入れ時で、ネコの手も借りたいほど忙しい。研修事務局として新人受講生の面倒を見るばかりか、社内講師としてプログラムに沿って講義や討議指導、あるいは見学の引率……

一方、プログラムには各部署の上司（管理者）の出番もある（95ページ）。新入社員に自社や各部署の業務紹介、会社の基本ルールや仕事の取り組み方、社内の諸規則の説明やら解説をする。しかし、彼らは各研修で講義することが業務の社内講師ではなく、普段は所属部署でリーダーとして社業に取り組んでいる人材である。ある日、ある時間だけ講義することで拘束される臨時の〝即席講師〟だ。しかも、大勢を前にして一定時間まとまった講話をするのはメシより好きという人はいない。急に引っ張り出されての授業には、次のようなデメリットが発揮されやすい。

★得意な分野には力が入り、苦手な箇所は省略しがちの話になりやすい
★自分の所属する部署の自慢話やＰＲになりやすい
★会社側べったり、管理者レベルの話になりやすい
★仕事の合間の講義準備なので、時間が足らずについ準備不足に陥りやすい

そこで、即席講師として話を頼まれたら、これらのデメリットをわきまえた上で、次のような点に注意してやってみることをお勧めしたい。

①深呼吸を４～５回やってみてから登壇する――落ち着きが得られる。
②自分を落ち着かせ、受講生に親しむために、開口後に微笑を浮かべて「これくらいの声で聞こえますか」と尋ねてみる。この反応で意外と気が楽になるものだ。
③押しつけ調子でなく、会話調でしゃべる。「私は…」ではなく、「私たちは…」。「キミたち」ではなく「みなさん」といったやわらかい言葉を使う。
④相手に「聞かせる」のではなく、一緒に考えていこう、といった態度をとる。
⑤受講生の数に関係なく全員を万遍なく見る。そのコツは全員を見渡しながらＳ字状（受講生の後ろから斜めに視線を当てながら前に進み、また戻るといった形）に視線を移していく。これで受講生は常に自分が見られているといった親しみを感じる。
⑥時折、質問して反応を確かめる。

66 社内講師と社外講師は二人三脚で（1）

昔は新入社員研修というと、外部から講師（評論家、大学教授、経営コンサルタント、業界のお偉方、文化人、企業人等）を招いて、一席、話をしてもらうとか、講師の出席する講演会に自社新入社員を参加させて終わりというものが少なくなかった。

もうひとつは、教育団体があらかじめつくった研修プログラム（これをその団体の「標準プログラム」という）で、その団体所属の講師（会社からみれば社外講師）が最初から最後まで、1日あるいは2～3日間ほど新入社員研修を進める。

このような社外講師を委嘱することのメリットは次のように少なくない。

① 自社の社内講師や即席講師では、自社オンリー、会社側べったり、管理者レベルの話になりやすい。社外講師はこの点をカバーできる。

② 社内講師では得意な分野や領域に偏りがちなので、社外講師によってそのアンバランスを防ぐことができる。

③ 社外講師の専門的な視点や角度から、自社内の欠けている点の反省になる。

④ 社外講師の話が受講生に新鮮な刺激を与えたり、動機づけになる。

だが、すべて新入社員研修を社外講師に任せていいかどうか。社外講師は会社の人間ではないから、自社の潮流や展望にぴったり合った話や研修を望むのは無理である。会社の成長過程を知らないし、また現在抱えている会社の問題を肌で感じ取っているわけではない。だから新入社員の受講生には目新しく新鮮な話として吸収されても、会社側としてはどこか「隔靴掻痒」の感じがしないでもない。

そこで集合研修は社内講師・即席講師だけでも、社外講師一任でもいけない。社内講師(即席講師を含んで)と社外講師は二人三脚が望ましい。しかし、研修の実際面では担当時間も指導内容(項目やカリキュラム)、指導陣の人数もすべて平等にすることではない。

会社側を中心としてみれば、社内講師の担当割合は60~70%は確保したい。50%は割らないでほしい。もし一歩譲って70~80%を社外講師に任せるなら、自社サイド、自社レベルの内容、すなわち、わが社の新入社員ならここは絶対に知ってほしいこと、身につけなければならないことは、社内講師が担当して講義や演習をするべきである。

先に教育団体の標準プログラムに触れたが、標準プログラムで実施するなら、このプログラムはどの会社にも当てはまるような研修内容が多い。事務局は自社のニーズ(必要点)やウォンツ(不足箇所)とのすり合わせを良くしてから実施してもらえばよい。

67 社内講師と社外講師は二人三脚で（2）

集合研修は88〜89ページに述べたように、そのネライは社会人・企業人への意識変革、仕事の基本定石の習得、チームワークの考え方や技術といったことである。このため研修担当はさまざまな学習方法を駆使し、社内講師・社外講師に活動してもらう。研修の日程が長ければ、講師陣もメンバーは数多くなる。各講師の講義はそれぞれ他の講師と内容が違うからワンマン・ショーのように見えるが、その底流にあるのは集合研修のネライを果たすための分担である。

先に新入社員研修の3本の柱はそれぞれが関連づけられて運営されてこそ効果が上がる、と述べた（40〜41ページ）。集合研修において各講師の講義はもちろん独立したものだが、底流では関連づけられていることを研修担当は受講生に説かなければならない。同時に、講師陣も自分でそのことを受講生に説明してもいい。たとえば社外講師が自分の講義の終わりに、次のように結んでいく。

「では私の『人事の新しい流れ』という話はこれで終わります。皆さんは初めて聞く話も多かったでしょうが、興味を持っていただくためにいろいろな会社名もあげました。今度は会社の人事部長から、では会社ではどういう人事の流れになっているのかという話があります。自分の会社のことだから他人事と思わず聞いてください。ではお疲れさまでした」

これを受けて次の社内講師（人事部長）は次のように切り出していく。

「人事の高橋です。ただいまの太田先生のお話は分かりやすかったですね。先生のお話を総論とするなら、私の話は各論ということになります。太田先生はいろいろな会社の事例をあげられましたが、私は自分の会社、皆さんの働く会社ですよ。この会社の人事の画期的な流れについてお話ししていきます。それが皆さんにとってどういうことになっていくのかを話しますから、真剣に聞いてください」

68 研修への要望をどのように講師に依頼するか

社外講師に研修を依頼するからには、必ず企業としては要望があるはずである。「何かご要望がありますか?」と私が聞くと、「先生にすべてお任せしますから」と答える担当者がいる。講師としてはやりやすいようだが、これほどやりにくいものはない。先方が何を求めているか見当がつかないからだ。講師へ要望することはハッキリさせておくことである。

「受講生にはこういうテキストを渡しますので、このテキストに沿って先生のご体験、各社での実例などを織り込んでお願いします」

「昨年度の積算書の作り方の実習がとても役に立ったと評判でした。今年もそれでお願いしたいのです。できましたら時間も1時間延長していただきたいのですが」

要望を出すことは、講師の研修への取り組み方の意欲を掻き立てるし、頭の中に研修をどう進めるかが具体化されてくる。熱心な講師なら研修の概略を聞いたり、日程表を見せられたりして、「講義だけしてほしい」という要望だったが、「自分の講義の後でグループ討議で深めた方がよいのではないか」など逆に担当者に提案して喜ばれることがある。担当者が要望を述べる。講師はそれについて意見や見解を示す。このような双方の努力で、研修効果を上げるという目標に迫ることができるのである。

「この講師ならこうやってくれるのではないか」という依頼者側の推測。「最近の若者像からして私に依頼してきたのは、多分、私にこんなことをしゃべらせたいのだろう」という講師の思い込み。「あとは以心伝心で何とかなるだろう」という両者の期待の上で実施される研修はリスクが大きい。

そうでなくても、新入社員研修はどの企業でも過密スケジュールだ。できるだけ短い期間に多くのことを学習させようとする。プログラムや時間割はビッシリ詰まっている。受講生は学生時代に朝から晩まで何日も過密スケジュールの授業を受けた者は少ない。だから疲労困憊気味である。こういう事情は企業研修に携わってきたベテランの社外講師なら知っているので、「全体のスケジュールを見せてください」「私の前後はどういう学習になっていますか」と担当者に聞いて、受講者のコンディションを予測しようとする。

担当者の話を聞いた上で、講師は「では、自分の話の導入はこうしよう」「終わりはこう結んで、次の講師につなげた方がよいだろう」と、受講生サイドに立って考える。だから担当者も、依頼した講師の前後の内容や講師のことは説明しておくべきである。

69 講師との打ち合わせでその研修姿勢が分かる

打ち合わせとは前もって相談することである。となれば、当然、当事者同士の都合のよい日時、打ち合わせ内容の確認、場所、所要時間など、アポ（アポイントメント）を取ることが常識である。にもかかわらず、今どき珍しい稀少動物ならぬ稀少人間がいる。

連絡の電話１本よこすわけではなく、突然やって来る。その言い草がいい。「ちょうど時間が空きましたので」「今日が都合がいいと思いまして」「多分いらっしゃるだろうと思ったものですから」。それで「ご用件は?」と聞けば、研修依頼文書を届けに来ただけなのだ。これだけの用事なら電話・ＦＡＸで済むことなのに。

また、別人だが、電話で研修日時を指定した後、確認の電話やＦＡＸ、文書も来ない。こちらから問い合わせると、「研修までには日にちがあるので、まだ発送していません、お急ぎですか?」。それなら、日時を決定した時、いつごろ正式な依頼状を出すかくらいは言うべきである。

こういうご仁には真面目に応答するのがバカバカしくなる。こういう人とは研修に必要な用具（種類、数量）を打ち合わせても、どこかにミスがある。

打ち合わせとは単なる日時の確認ではないし、それだけであってはならない。講師にとっては受講生や会社の状況や姿勢を理解するために必要なコミュニケーションであり、研修担当者にとっては講師の研修に対する姿勢や熱意を知るまたとない機会なのだ。

「打ち合わせのために、そちらへ伺いましょう」と、研修日時と概要が決まったあと、わざわざその会社を訪問する意思を示したり、遠隔地なら「お手数をかけますが御社の会社概要や製品案内をお送りいただけますか」などと電話をする講師がいる。

さらに「もう1度打ち合わせした方がいいと思いますが、いかがでしょうか」と、2度、3度の打ち合わせを申し出る講師は、もの覚えがよくないのではなく、研修を大切にしている講師と見てよい。

なぜなら、何度打ち合わせをしても、それで講師の収入が増えるわけではない。忙しい講師にとっては時間浪費にもなるのだ。「会社へ伺います」は、受講生の働く職場環境を自分の目で見て、受講生の実情に即した講義や討議、演習にしたいからなのである。

ところが、一応、研修日時やテーマが決まり、担当者がいつか打ち合わせを……と講師に連絡してもなかなか連絡が取れないと、「この人は売れっ子なんだな」と感心して、決まったことだからあとは講師に任せればよいと放念していいかどうか。

70 講師に謝礼額を聞くのは、いつが適当か

社外講師を依頼した時、謝礼は通常はその講師自身に、あるいは講師の属する機関に支払う。だが、企業人を講師に迎えた時は、個人宛てではなく受取人は会社にするとか、社長同士で決めた時は社長に任せるなど、いろいろ特色があるようだ。

通常のケースなら、講師依頼が成立したあと、「ついてはお礼の方はいかほどで……」となる。潤沢な研修予算ならこういうやり方でもよいが、研修費が厳しい時は、講師にまず「ビジネスライクにお話ししますが、予算はコレコレで」と額を提示して出講依頼の交渉をした方がよい。あるいは自社の「講師謝礼規定」を提示してもよい。講師に直接聞くのに遠慮があるなら、講師の秘書や係員に電話等で聞き出すこともできる。

あるいは、講師の知名度が高く、実績を評価されているなら、きっと93ページに述べた権威ある教育機関や商工団体に招かれているはずだ。講師を招聘した場合の講演料、指導料規定といったものがあるから、そこに問い合わせて目的の講師の額を知ることができる。

さらに、インターネットの充実で、この時期には教育機関のPRが盛んだ。これはと思

う機関のホームページからも知ることができる。

「いかほど差し上げたら……」と、恐るおそる聞いて、自社の予定（想像）していた額よりも多額な場合、引っ込みがつかなくなることはよくあることだ。

研修内容の打ち合わせの段階で、講師の示す内容に双手を挙げて賛成したり、わが意を得たりと喜色満面の態度を示した後で、「ご講演料はもう少しお安くなりませんでしょうか」などと醜態を示すことはできまい。

問題は研修費や講演料の額ではなく、それを示すタイミングであり、そのやり方である。本来なら講師側の示す規定に従うのがベターだが、どうしてもその額が支払えないなら、こういう次第ですからぜひご出講をお願いしたいと、その講師を必要とする具体的な理由を熱意を込めて話すことだ。よほどの守銭奴でないかぎり、講師も「そこまで自分が必要とされるなら」と動くはずである。

さらに、支払い方法も次のように謝礼額を決める時に決定し、納得を求めておくことだ。

①　当日現金（小切手）支払い
②　後日、講師の取引先金融機関へ振込、あるいは現金書留で送付
③　請求書を発行してもらってから指定機関に振込
④　謝礼額は税込額か、手取額か

71 代理講師に快く引き受けてもらう法

今まで本書では、社外講師・社内講師・即席講師などの用語を随所に使ってきたが、ここで取り上げるのは代理講師である。とくに社外講師の代理が問題になる。

本来の講師（本命講師）の急病や事故、家庭内の取り込みごとなどによって、代理の講師が急遽、登壇しなければならないことがある。講師変更が急であればあるほど、受講生は変更を知らされていないことが多い。裏返せば、変更前の研修と思っているのだから、本命講師が知名度が高く話も上手という評判があればあるほど、代理講師はやりにくい。

本命講師に対する受講生の期待感を払拭し、自分に対する幻滅感の発生が生じないような工夫が必要だから、代理講師の心中は苦しいものがある。

こういうハンデがついているので、研修担当も代理講師が快く引き受けてくれるように頼まなければならない。それには、まず率直にすでに依頼した講師がこういう理由で出講できないということを告げて、「この機会に大変勝手で、しかも突然のお願いで申し訳ないのですが、私たちをお助けいただきたいと存じまして、先生のお力とお時間をちょうだいできれば幸せに存じます。いかがでしょうか」と頼むことだ。できれば代理講師に対する有力者の紹介状を持参すればさらによい。

講師も血の通った人間だから、そこまで言われるなら……と、気持ちは傾いてくるだろう。ただし、本命講師の予定出講日時に代理講師が出講可能かどうかは折衝次第である。代理講師も多忙なら、氏の希望する日時が本命講師と多少ずれてもやむを得ない。

次のような依頼の仕方をして、代理講師から嘲笑され、謝絶された例がある。

「△△先生を予定していたのですが、ついご依頼するのが遅れまして先生の日程がふさがってしまいました。その代理といってはナンですが……」

代理講師は年齢も本命講師よりはかなり若く、本命講師に私淑していた。本命講師も代理講師を弟分として面倒を見ていたし、自分が出講不能の折に担当者に「彼なら引き受けてくれるよ、ナンだったらボクの名前を出してもいいよ」と言ってくれたので、こんな依頼の仕方になったのだろう。担当者は多少なりとも代理講師を軽く見ていたムードは拭えない。正直の上にバカの二字がつくか露骨というものだ。

講師として知名度があれば、当然、プライドを持っている。研修担当者は本命講師との年齢差、出身校、経歴や著書歴、講師としての担当歴、人脈の違い、ライバル度なども、可能な限り知っておいて交渉に臨みたい。

72 トップの「ツルの一声」で講師を決めるな

研修部署にいる責任者は自分の思慮によって、研修の企画から執行までを部下を通じて運営する。もちろん、社外講師の選別や調整も権限内にあるだろう。

研修熱心な企業や責任者は、研修によって社内に新しい風を吹き込むために、評判のよい社外のセミナーにまず自分が参加してみる。そこで得た体験と印象が強烈で、内容も感激に値するものであれば、その研修やノウハウを自社に導入することのメリットは次第に心中で膨らんでくる。

だが、自分が感激したり納得した内容は一般社員も同様の反応を持つかどうかは分からないので、心ある責任者は部下の反応をも無視しない。すなわち、部下にも他日参加させて、部下の立場での意見や批評を把握する。研修がいつも研修担当責任者のサジ加減ひとつということにならないように努めている。

社長や役員クラスになると、職務上でなくてもいろいろな会合に出席することが多い。ロータリークラブ、ライオンズクラブ、商工会議所、商工会など。熱心な人はこういう団体の理事や監事としても活動している。さらに、金融機関やマスコミ主催のトップセミナーにも出席して、さまざまな講師の謦咳《けいがい》に接することが少なくない。

こういう場で聞いた講師の話に惚れ込み、帰社すると総務部長あたりを呼んで「先日のセミナーで聞いたのだが、○○先生の話はウチの若い連中にも聞かせたいね。どうだ、一つ先生を呼んでみよう」とか、研修担当者にも「来月始まる新入社員研修に私の激励挨拶のあと、□□先生に話してもらうようにしたらどうだ。□□先生の話は新入社員が聞けば必ず納得するいい話だよ。いい話だったな。ウン？　ああ、２日前に商工会議所の月例講演会の講師として話をされたんだ。これも何かの縁だろう。先生に当たってみてくれ。これが先生にいただいた名刺だ」

社長が比較的にワンマンなら、まさに「ツルの一声」で決まってしまう。まして、目玉となる社外講師がまだ決定していない時、あるいは候補はいるが社内では甲論乙駁で人選がまとまらない時、研修担当者は渡りに舟だ。もし出講してもらって評判が今ひとつ良くない場合でも、「社長のお声がかりだったから、反対もできなかったし、な」で済む。

社長の立場ではよくても、社員の立場ではどうかと、社長や役員は一考すべきだ。さらに、よかったなら、どこがどのようによかったのか、社員だったらどう感じるか、を取り上げてほしいものだ。また招聘を指示された研修担当者もこのことを進言していくことだ。

73 職場を知らない講師に職場を語らせるな

某官庁の新採職員研修（新規採用職員研修）で、ある随筆家の先生が招かれた。やさしく、分かりやすい文章や話だから楽しいと評判の高い講師であった。テーマは「文章の作成と整理」。終わっての質疑応答で、講師にとっては動転するような質問が次々と出た。

「宛名は様、殿、先生とありますが、職名をつけた時は様と殿のどちらですか」

「写し、控え、同文などのゴム印はどこに押せばいいのでしょうか」

「数量を書いたとき、その下に以上、以後、以内、以外、以前などを使います。50名以上とか、3月1日以前などと。これらはどういう基準で使ったらいいのでしょうか」

前日、文書課長から「文書取り扱い規定」という硬い講義を聴いて、受講生はいい加減ウンザリしていたのである。きょうの随筆家先生はやさしそうだし、話も分かりやすかったので一気に質問が集中した。

組織の中で働いたことのない講師は〝私信〟や個人的な冠婚葬祭の文章は得意であったが、公用文書については全然知らなかった。講師と受講生は完全にミスマッチであった。

もうひとつ。電気・電子部品専門商社の新入営業マン研修に、ある話し方教室の先生がロープレ指導のコメンテーターとして担当した。受講生は連日、営業活動の真髄や先輩営業マンの体験を聞いて奮い立っていたので、その模擬場面の演習である。

ところが、この講師の知識にある営業マン（セールスマン）というのは、エンド・ユーザーへの生命保険・車・住宅・乳酸菌飲料・墓地などの売り込みで、主として家庭を訪問するセールスマン像であった。ところが、受講生たちの販売先は家庭ではない。特約店、代理店、電気電子部品卸店、電気関係の量販店などである。

演技者や相手役になった受講生がたどたどしく口にする「仕様」「サイト」「値崩れ」「アドバンスリスト」「販促」「スペック」「キャンペーン価額」「ロット」「ソリューション営業」など、言葉の意味がサッパリ分からない。分からないから、コメントしようがない。結局、「誠意をもって」「よく話し合って」「商談の態度に気をつけて」「相手を温かく包むような言葉で」などしか言えない。もちろん、受講生の評判はガタ落ちであった。

さて、この両例は講師が悪いのではない。ご両人とも一家言ある講師だから、出講場所と受講生によっては、水を得た魚のようにイキイキと話して感激を与え感謝されるだろう。研修担当者が講師の選定を間違えたのである。打ち合わせの段階で、講師がビジネス生活や組織人としての生活をしたかどうかを担当者が知ればよかったのである。

74 社内講師・社外講師の失敗談は受講生の眼を輝かせる

「初対面の皆さんにこんなことを言うのは気が引けるのですが、私がこのZ社に入ってすぐに営業勤務になったんです。歳は皆さんと同じくらいだったかな。その時の上司の営業課長が今のY専務です。とにかく私は失敗はする、お客様は怒らせるで、何度、課長から、やめちまえ、腹を切れ、と言われたか分かりません。こんなことがありました……」

講師として淡々と失敗談を語る人は、業界の中でも恐れられている大活躍の営業部長。

「いかにして自分はトップ・セールスマンになったか」を身振り手振りを交えて語れば、新入社員は目を輝かすだろう。「よし！　オレも頑張るぞッ」と決意を新たにする者もいるだろうが、「私にはそこまではできない。あの上司の下に配属になったら、毎日、居たたまれないだろうな」と、最初から負け犬根性を出す者もいるだろう。

それなのに淡々と失敗談を語るなど、居並ぶ受講生は度肝を抜かれる。その懐の深さに憧れと尊敬の念を抱くに違いない。そして、失敗から学んだ営業部長の講話と人柄は生きた教材として、各人の心に深く食い込むだろう。

社外講師でも同様だ。斯界の権威者として大活躍の人の話は、自らの対人恐怖症のことだった。受講生と同世代の頃に極端な対人恐怖で、人と話す時はつい目をそらしたり、口の中でモゾモゾ言っているものだから、暗い・ヤル気がない・何か後ろ暗いことがあるのではないかと、疑心暗鬼で周囲から見られていた。

「皆さん、今の私にこんなことがあったなんて想像できないでしょう、でも事実なんです。じゃ、どうして私が明るく、前向きになったか、聞きたいですか？」

こんな問いかけでもしようものなら、受講生から一斉に大拍手やらシュプレヒコールが響く。「ハァイ！」「お願いしますぅ」。「会社に入ったら人生を前向きに生きる」というテーマで話した講師の序論である。

淡々と失敗談を語る人に軽蔑の気持ちが湧くものではない。むしろ失敗談の奥に潜む当人の人間性にほほえましさやユーモアを感じるものだ。人は失敗談を聞くことは、成功談を聞くよりも気楽な気持ちになったり、また心を開くものだ。

だから研修担当者としては、社内講師・社外講師を問わず打診してみるのもよい。「もし、お差し支えがなければ、お話の中に若い頃の失敗談などをご披露していただければ、真剣に彼らもお聞きすることができると思いますが」と。「そんな若い頃の恥部など話せるか！」と拒否されたら、それはそれでやめればいいだけの話である。

75 社外講師の人選を誤らないようにしよう

社員研修という仕事をしていなければ、私など絶対に機会はないだろうと思われる各界の指導的立場の方にお目にかかることができた。講師控え室でその謦咳《けいがい》に接した時、さすがに一流の方は違うと身の引き締まる想いを何度も味わった。

「それで、先生は本日の新入社員研修でどんなお話をされるのでしょうか」

私の不躾な質問へのお答えに接すると、そういう内容で切り込むのか、ご専門をそういう角度から展開するのかと視界を拡大させていただいたことが何度もある。こういう講師の選定に、研修担当者の眼力も一流だな、と唸ったことも少なくない。

反対に、なぜこの人が……と憮然としたこともあった。その講師の話を聞いたあと、「今の□□先生の話を私は会社でどういうように発揮すればいいのか」と、戸惑っている新入社員の姿が浮かんできたからである。新入社員が惑う社外講師のプロフィールは――

プロ野球のA監督。前述のように「どんな話をされるのか」と伺うと、「私は新入社員の経験などないから困りましたね。何で私などを頼むのですかね。ま、何とか話しますよ」

人形作家のＢ氏。「どんな話をするのかと言われても、私からお聞きしたいですね。２時間という時間を持たせることができるかどうか」。氏の話は40分ほどで降壇。困惑したのは研修担当者。喜んだのは受講生（？）。

女流作家のＣ氏。私が名刺を出したら曰く、「私、今名刺を切らせておりまして……」。氏の演題は「魅力あるＯＬになるには」。初対面の人に会うのに名刺も持参しないのが魅力的なのか。受講生は全員女性。

プロ棋士（将棋）Ｄ氏。演題は「将棋と人生」。受講生は女性が60％ほど。氏は開口一番「将棋をいま指しているかどうか、また興味があるか」を50人ほどの受講生に聞いた。女性は全員が興味なし。男性は興味があると挙手したのは2、３人。「将棋に興味もヤル気もないキミたちがなぜ私の話を聞かなきゃならんのだ。私も話す気もなくなってきた。じゃ、私の修行時代のことでも話そう。それで勘弁してくれや」

Ａ～Ｄ氏は自分の打ち込んでいる道で注目されている人たちだが、４人ともサラリーマンの経験なし。ということは、新入社員の生活を味わっていない。組織人・企業人として公私の生活を営む受講生との間にどういう接線があるのだろうか。受講生が中高年や管理者になれば、自分から接線なり接点を見出すだろうが、新入社員の若さでは無理だ。研修担当の講師選定のミスマッチあるいはミスキャストである。

76 社内の団塊の世代を講師に活用しよう

団塊の世代とは第二次大戦後の１９４７年（昭和22年）から49年（昭和24年）までのベビーブーム期に生まれた世代で、大卒なら昭和45年から47年入社組である。合わせて６７０万強の人口になる。このうち、約３００万人が近く60歳の定年を迎える。それが２００７年に集中するので、「２００７年問題」として社会的に注目されている。続いて毎年、１００万人以上の退出が続く。参考までに、団塊の世代とその前後の世代の入社者数を**表6**に掲げておいた。いかに彼らが各社、各業界に浸透したかが分かる。

彼らが毎年、次々に退出するとどうなるか。たとえば製造業では、火加減・水加減・たき加減・ネジの締め方加減など、どんな製品でも微妙な力加減が要求される。いわゆる〝だましだましやる〟という、長年の蓄積で培われた〝技術以前の技術〟の伝承や知恵の体得者が彼らである。精巧な機械やマニュアルではこの体得は簡単に置き換えられない。

また、時代の寵児といわれている一連のＩＴシステムの元の部分を構築してきたのが、彼ら団塊の世代を中心としてきた職人技の世界といわれている。若手のエンジニアがその複雑な元のシステムを理解するのは簡単ではない。団塊が一斉に退職すれば、あらゆる業界でシステム障害が起こるともいわれている。団塊の世代の身につけた技能を、引退とともに埋もれさせるのはそれこそ〝公害〟ではないか。

マン・マシンの世界ばかりではない。マン・ツー・マンの世界、すなわち対人関係の世界においても、人と人が正しく、感じよく、分かりやすいコミュニケーションをとっていくには、ウラとオモテ、ホンネとタテマエ、アウンの呼吸などで苦労してきた団塊の世代の知識と知恵を学び取ることが必要だろう。

こういうことから、集合研修、入社前研修、さらに配属後研修等で、社内の団塊の世代を講師や研修担当に活用したらどうだろうか。すでにいくつかの企業では団塊の世代を中心とした「技能継承センター」や「ものづくり名工塾」も発足しているという。定年後の人生をそば打ち、陶芸、囲碁の世界で自己満足させるだけではもったいない話だ。

余談だが、次の歌手たちが第一線から退いたら日本歌謡界はどうなるか？　想像してみてください（敬称略）

・森　進一、布施　明、千　昌夫、伊藤ゆかり、西郷輝彦（以上、47年生まれ）
・五木ひろし、谷村新司、堀内孝雄、前川　清、都はるみ、由紀さおり（以上、48年生まれ）
・武田鉄矢、南こうせつ、矢沢永吉（以上、49年生まれ）

表6　団塊の世代の入社者数

（日経産業新聞　s.55.2.6による）

会社名	昭和42～44年入社	45～47年入社	55年入社
東芝	1380	2340（1.70）	700
大成建設	542	910（1.68）	150
三井物産	314	834（2.66）	160
丸紅	360	745（2.07）	130
日本航空	259	683（2.68）	42
新日本製鉄	550	640（1.16）	170
トヨタ自動車工業	420	612（1.48）	280
資生堂	253	521（2.06）	94
富士銀行	331	435（1.31）	190
日本生命	261	412（1.58）	130

（括弧内は昭和42～44年との比率）

第6章

配属後指導（配属後研修）の仕方

77 配属後の上司や先輩の印象が退社を決意させる

会社の将来性、画期的な業務内容、給与、福利厚生、長期休暇制度は新入社員にとって、「ここでずっと働きたい」という強いインセンティブ（誘引）にはなるが、決定的なものではない。日常、職場生活での人間関係の触れ合いの是非がもっと大きな比重を占める。

その証拠に新入社員の退社理由が「どうも職場の人間関係が難しいので」といったことが多い。ドライで自己チューの若者は人間関係が苦手なのだ。

「キミのデスクがまだ来ていないんだ。明日には届くと思うんだがね、ウン、急に仕事が立て込んできたので、つい発注するのが遅れてね。悪いけれど、そこらのデスクに座っていてもらおうかね。ところでキミ、なんて言ったっけ？」

たった今、人事課員から案内されて到着し、自己紹介したばかりなのに！　初めて見る上司から面倒くさそうに言われて、即日、退社を決意した新入社員がいる。そこに居合わせた先輩社員男女はチラチラ新人を見るだけ。これで「入社してよかった」と思うか？

他家を訪問した場合、来意を先に伝えてあるのに、お茶も出なければ座布団もすすめられない。冷暖房のスイッチも入れてもらえない。当の相手はなかなか現われない。そのくせ家人がチラチラと客を窺うような目つきをする家に腰が落ちつく方がおかしいのだ。

悪しきムードの家庭に似た職場では、新入社員は配属先で早くも幻滅を味わう。求人案内や会社案内がバラ色に彩られていればいるほど、新入社員の悲哀は大きい。

こういう配属先のムードの中で、いちばんショッキングな言葉は先輩たちの一言だ。

「ウチみたいなところによく来たな。他にも内定が決まった会社あったんだろ？」

「女性が働きやすい会社と求人雑誌にはよく写真入りで登場するけど、ウチのどこを見てそんなこと言えるんでしょうね」

「ま、いつか話してあげるよ、ウチの特色を。いいところも少しはあるんだけどね」

入社式で聞いた役員や社長のバラ色の〝わが社〟とあまりにもかけ離れているのだ。新入社員は初めて知った組織のウラとオモテの凄さ、ホンネとタテマエの落差の激しさ。

以前、若い世代が結婚して新婚旅行に出かけたのはいいが、性格や趣味、生活観の相違が旅行中に次第に浮き彫りにされ、成田空港に帰国したとたんに「成田離婚」が少なくなかったという。片や新入社員は内定者研修、集合研修と一応の洗礼を受け、配属されたらどうもわが人生は灰色らしい未来図。成田離婚ならぬ「配属離脱」では、昨年10月以後の自分は何だったのか？　悶々とする新人もいる。

78 受け入れ態勢づくりをおろそかにしない

全社員が社長や幹部とぴったり考え方が同じということはあり得ないだろうが、新入社員に「私が入社したこと、この部署に配属されたことを上司や先輩は喜んでいる」という嬉しさを与えたいものだ。そのために、新入社員の集合研修中や入社式以前から、彼らがウチに来たらどのように迎えるか、すなわち「受け入れ態勢づくり」について関係各部署で何回かミーティングを持ち、互いにコンセンサスを得ておきたい。

この時、入社歴の浅い1、2年社員の意見を聞いて、受け入れに活かしてほしいものだ。彼らが配属された時、何が嬉しかったか、何が腹立たしかったかの喜怒哀楽は今でも印象にあるはずだから。このミーティングでは次のようなことを検討すればよいだろう。

① 配属者の歓迎はどういうスケジュールにするか、歓迎挨拶は誰と誰がするか?
② 別途、歓迎会を開くか、いつ? どこで?
③ 新人の担当の仕事は何か? それを誰が指導するか(指導員)?
④ 社内の関連する部署、得意先に誰が新人を挨拶に引率するか?

⑤ 新人のデスク、ロッカーの置き場所はどこにするか
⑥ 新人の使用するユニフォーム、備品、消耗品等は確保してあるか？
⑦ 独身寮はすぐ入居できるようになっているか？
⑧ 指導員研修スケジュールは出来ているか？
⑨ この打ち合わせは後日また開く必要があるか？
⑩ その他、上位者、先輩として心得ておくべきことはないか？

受け入れ態勢をおろそかにするから、いざ新人が配属されてくると、前項で述べたような言葉で、新人に自分の欲求不満を爆発させる。あるいは、ヤル気のある新人から「今日は何をすればいいんですか」と聞かれると、「そうだな、じゃ、今週は差し当たってこれでも目を通しておいてくれ」などと、新人なら読んでも理解できない業務上の書類を渡す。そうかと思うと、まるでイジメに等しい注文までする。

「電話が鳴ったらとにかく受話器を取って用件を聞いてくれや」
「このところ、みんな忙しいからバタバタしているが、なるべくみんなの邪魔にならないようにしてくれよ」

こういう態度で、どうも今年の新人は頼りにならないとか、ヤル気がないなどと貶《けな》す。貶す先輩側に問題はないのだろうか。

79 「新人さん、ようこそ」を具体的に

同期生として入社前研修、集合研修を共に過ごしてきた新入社員たちは、いよいよ各職場に配属される。今まではマス（mass＝集団、塊）として過ごしてきたが、これからは各職場・職域にインディビジュアル（individual＝個人）として散って行くことになる。さだめし心細いものがあろう。その時、心温まるムードは干天の慈雨にも似て、新入社員の心に染みる。各社の例で示してみよう。

☆新人が人事や総務の係員に引率されて配属先に現われる。仕事中の全員が立ち上がり、笑顔と拍手で口々に「おめでとう、○○クン」「頑張ってネ、△△さん」。（A社）

☆みんなで新人を取り巻き、やおら先輩女子社員が作った紙の花のレイを新人の胸にかけ、歓迎の言葉を口々にかける。（B社）

☆新人のデスクの上に課員全員が書いておいた寄せ書きで歓迎の意を示す。（C社）

☆新人女性に先輩女性たちが小遣いを出し合って購入した座布団を贈る。そこには新人の名前が刺繍されている。（D社）

☆ 独身寮に入る新人たちに、先輩たちが折り紙で食堂一杯にツルや万国旗・社旗を張り巡らし、夕食会を開催する。ＢＧＭではカセットテープで新人たちの出身地の郷土民謡が順番に流れてくる。（Ｅ社）

☆ 上司以下、全員がポケットマネーでささやかなプレゼント。図書券、ペンシルセット、コンパクトな漢和辞典、携帯電話用のストラップ、簡易靴べら、キーホルダー、携帯用折りたたみ傘、小銭入れ……。（Ｆ社）

☆ 自席に座ると、目の前のデスクの上に組織図や課員の配置表、必要な関係先の社名・電話番号が一覧表として作成されている。手作りの業務ハンドブックだ。（Ｇ社）

この会社で働こう！　と最終的に今の会社を選んだのは新入社員である。だが、新入社員は会社を選べても、上司・先輩や職種、研修は選べない。上司たちだって新入社員を選べない、という声も上がりそうだが、上司たちはキャリアがあり、多数派である。それだけ優位にいる。まずは温かく迎えて厳しく接する（ウォーム・ハート、クール・マインド）ことが必要とされる。

新入社員を早く戦力にしたいなら、彼（彼女）がそうなるように先輩たちが周囲の環境を整えてやることだ。先輩もかつては新入社員だったのだから、どうしてほしかったかが分かるはずだ。

80 仕事以外の負荷をかけないように

配属された新人の不安は次のように真摯なものが多い。

① 仕事をマスターできるだろうか。上司、先輩は私を手間のかかるヤツと思っていないだろうか（業務関係）

② 上司、先輩、派遣社員の人たちとうまくやっていけるだろうか（人間関係）

③ 体調を崩すことはないだろうか（健康問題）

この3つは相互に関連するものだが、新人はまだこれらの相互関連性は分からない。だから仕事をスムーズに身につけるため、つとめて新人が仕事に打ち込めるような環境をつくり出すことが上司・先輩の努めである。

新人だって指示された仕事を早くマスターしてみんなに喜ばれたいと決意を新たにしている。にもかかわらず、新人の初心を鈍らせるようなことが少なくない。その元凶はほとんどが〝夜の一杯〟なのである。新人はそうでなくても気疲れしている。

ところが、先輩たちは日中の気疲れは夜の一杯で癒されると信じているようだ。だから新人の戸惑いを無視して誘う。それに応じないと、「オマエは可愛くないッ」だ。

「いいか、仕事というもんは、それを取り巻く人間関係で成り立っているんだ。飲めないヤツ、飲まないヤツは仕事をサボタージュしているんだ」

かつての部下や後輩ならこの論理は成立しただろうが、現代の若い世代には無理だ。仕事が終わった後は自分の自由だという風潮は根強い。それを無視して誘えば、逆に軽蔑されるのが関の山なのだ。先輩たちの酒飲みの論理は新人には通用しない。

「仕事が終わった後も会社の人と酒を飲んでいる。酒を飲むことは仕事として残業扱いになるのでしょうか。超過勤務手当ては出るんでしょうね」

「最初の飲み会は仕方ないから参加しますが、二次会、三次会と引っ張り回されたあげく、『ウチあたりは飲まないと仕事が回ってこないぞ』と脅す。このごろ胃が痛いのは、このせいじゃないか。朝起きると吐き気もするし……」

「あの人はこうだ、この人はこうだ、と職場の人たちの品定めが多い。なんだか余計に気を使うことが多くて……。来週あたり診療所に行ってみようと思っているんです」

仕事をマスターするのに障害となる心理的・身体的因子を、先輩たちがわざわざつくり出す必要はない。今は、ひたすら仕事をマスターするために助勢してやらなければならない時期なのだ。その助勢がアルコール・コミュニケーションなら寂しい限りだ。

81 新入社員は「カネより先に疲れが溜まっていく」ことを理解する

会社に勤めるということは定収入が確保できるので貯金もできそうだが、意外と自発的に貯金はできない。しかし疲れは確実に溜まっていく。学生時代のリズムから生活形態が一変したからだ。

① 定時に起床しなければならない——会社にママはいない
学生時代はママが世話を焼いてくれた。今度は独身寮やアパートで自分が主体的に行動しなければならない。Do it yourself（自分でやる）しかない。

② いやというほど〝痛勤〟を味わう（通勤ではない）
学生時代は休講があったり、遅刻しても文句は言われなかった。それに結構休みが多かったが今度は土・日・祝祭日以外は定時出勤。朝のラッシュの凄さは話にならない。

③ スーツに身を固める
スーツばかりではない。ヘアスタイル・ワイシャツ・ネクタイ・ベルト・靴下・靴・バッグ（鞄）など、学生時代のラフなスタイルとは違う。これが毎日のことだから結

構、気を使うのである。

④ デキるかデキないか、常に見られている――相対評価が先輩たちの習慣

新人が1課に2人以上配属されれば、周囲は比べて評価するものだ。「オイ、今年ウチにきたAだがね、Bに比べると落ちるね」「同じことを注意されてもCは素直だが、Dはどうしてすぐ顔に出すのかねえ」。こんなことが耳に入ると、新人は結構気疲れするものだ。

⑤ 〝常識〟を問われる――「そんなことくらい常識だろ」

先輩が口にする常識とは、社会常識よりもその会社のしきたり、ルール、不文律を指すことが多い。新人は入社早々に先輩ほどの会社常識は持ち合わせていないから戸惑う。

⑥ 理屈に合わないことによくぶつかる――タテマエとホンネ

入社式で社長は気持ちよさそうに言う。「個性を発揮せよ」。そこで社長が言った通りにすれば、部署内で新人はみんなから総スカンを食らう。「あいつは常識がない」と。

現代の新入社員ばかりでなく若い世代の日常生活は、極めて放任的・開放的・自己中心的である。それが会社という社会単位の機構では、さまざまの規律、ルールで公私ともに規制される。その規制が始まったばかりが配属決定なのだ。それに慣れないゆえに心身疲労を起こす。このあたりを温かい眼差しで見てほしいものだ。

82 上司・先輩が注意すべき新入社員育成5カ条

朝、全員が揃った時、上司は言った。

「みんな、ちょっと聞いてくれ。昨日、ウチに配属になったAクンだが、仕事は………をまず担当してもらうことにした。それで、一応私が概略を教えるが、Aクン、分からないことがあったら、そばにいる人に聞きなさい。キミらもちゃんと教えてやってくれ、頼むよ」

こういうやり方では効果は上がらないものだ。

たとえば、Aが上司から「じゃ、これを仕上げてもらおうか」と、ある簡単な仕事を与えられて取り組んでいる時、疑問点が出た。Aはたまたまそばを通りかかった先輩（B）に聞いた。Bさんはベテランで自分固有のやり方を身につけているから、いとも簡単に自分の流儀を教えた。このやり方で1日が何とか終わった。

翌日、また疑問が出たのでBさんに聞こうとしたら、あいにく彼は外出中。そこで居合わせたCさんに聞くと、Cさんは入社2年目。

「ウン、ボクもそこは弱いんだが、こうやったらどうかな。ボクはこのやり方で何とか仕上げているけれどね」。なるほど、やってみたら何とかできた。

その翌日、Aが仕事をしている時、Bがそばを通りかかって気軽に声を掛けてくれた。「どうだい？　調子は」「はい、何とかやっています」。BはAの仕事ぶりを見て言った。「なんだ、そのやり方じゃダメだよ、こうやるんだよ」。Cのやり方は簡単に否定された。AはチラとCさんの席を見ると、Cは眼をそらせた。

この結果、どうなるか。Aが気が弱ければBさんがいる時はBさん好みのやり方で、Cさんと一緒に仕事をする時はC方式で……。しまいには疲れ切ってしまう。仕事よりもそれにタッチする人の意向にまず頭がいくからだ。

第1条　育成はプラン・ドゥ・シーの原則で

経営計画やその実施はマネージメントサイクルといわれているプラン（計画）・ドゥ（実行）・シー（反省・評価）に基づいて精力的に取り組んでいながら、新入社員の育成についてはこの原則外というのはどういうことか。

第2条　上司・先輩は新入社員の鑑。新入社員は上司・先輩のコピー

新入社員はまず最初の上司や先輩に感化されやすい。これを「刷り込み現象」という。上司・先輩の持つムード、仕事への姿勢、会社への考え方に染まりやすいのである。

第3条　長所・短所を知らせる

毎日顔を合わせて仕事の指示、それにまつわる連絡や報告、電話の応対、来客への気くばり、会議やミーティングでの発言や対応、昼のランチや喫茶店での雑談、夜の一杯……。次第に新入社員の長所・短所が分かってくるはずだ。それを本人に知らせていく。長所を知れば自信につながり、仕事にもやる気が出る。また、短所を教えてその点を注意させれば、失敗の度合いを減少させることができる。知らされた新人も、学生時代に自分の長所（短所）と思っていたことが、意外に短所（長所）であることが新しい発見につながる。遠慮せずに指摘してほしいものだ。

第4条　自分＝会社という意識を持たせる

「社員の一人ひとりが会社の代表である」という訓示がトップ層の口からよく出るが、これでは弱い。現実には一人ひとりが会社そのものなのだという意識を持たせることだ。顧客は社員を通じて会社を忖度《そんたく》するからだ。

この意識が欠けているから、社員（新入社員も含めて）は「自分ひとり頑張っても…」とか、「失敗しても先輩がカバーしてくれる」などと甘えた考えを持つのである。「新人のちょっとした言動がこのように対外的に響くのだ」と教えてほしい。

第5条　ＯＪＴで実践指導する

ＯＪＴを取り入れていたら、本事例のような問題は発生しなかったはずだ。ＯＪＴは社内で日常の仕事を通じてベテランが初心者に、先輩が後輩に、計画的・継続的に人材を育成する方法である。**図9**はＯＪＴの模範的な指導の流れである。

図９　OJTで実践指導する

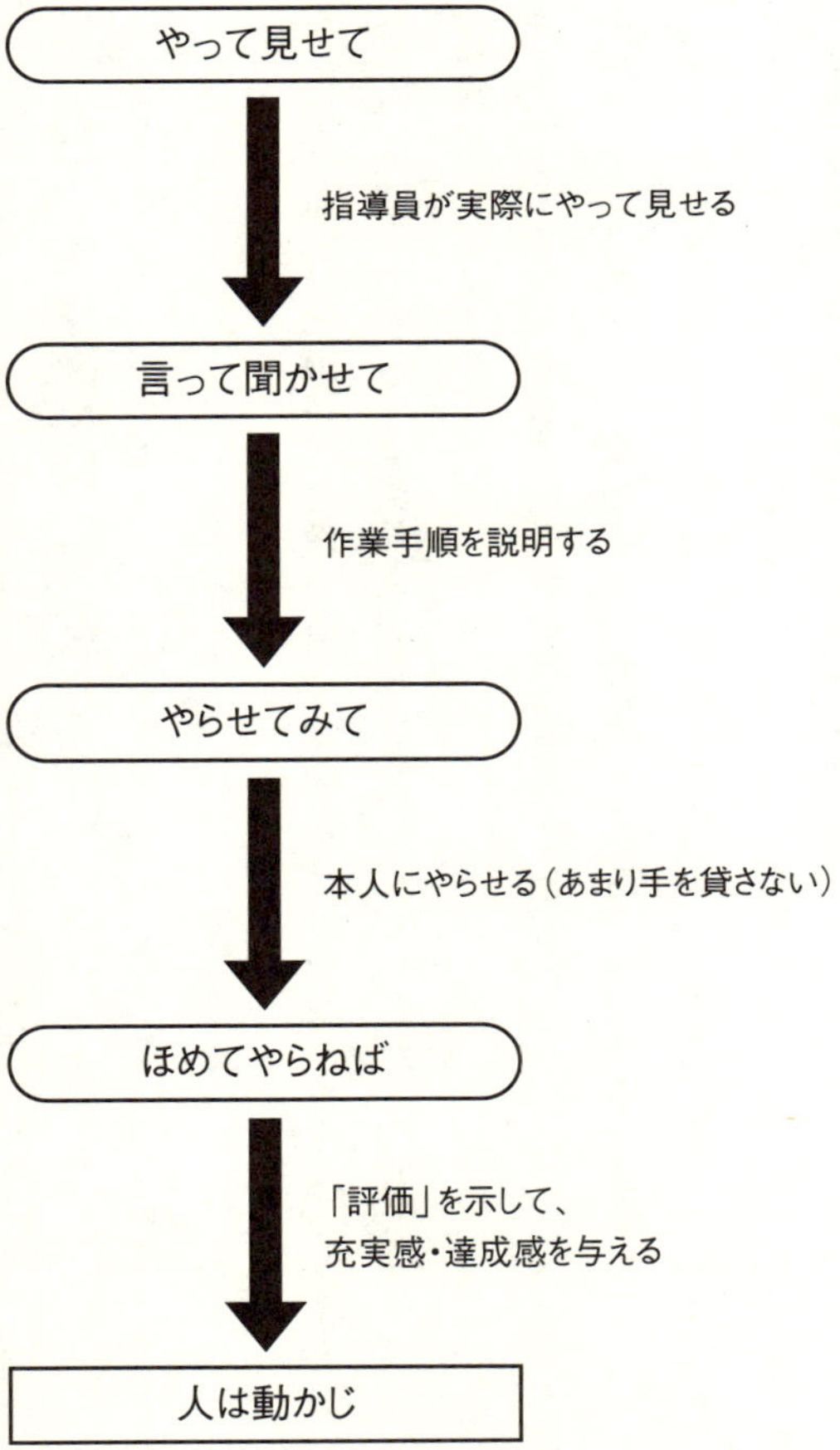
やって見せて
指導員が実際にやって見せる
言って聞かせて
作業手順を説明する
やらせてみて
本人にやらせる（あまり手を貸さない）
ほめてやらねば
「評価」を示して、
充実感・達成感を与える
人は動かじ

83 ＯＪＴ実施には問題が多い

ＯＪＴは教える側（指導員）と教わる側（受講生）がマン・ツー・マン（あるいはそれに近い形）で実施するから、実践効果が高いといわれているが、問題も多い。

（１）指導員のなり手がいない

各社は入社２～３年目の若手社員か中堅社員層を指導員として選定し、日常の仕事を通じて接触指導を担当させているのが一般的傾向である。単に仕事だけでなく、メンタルな面も含めて、身近な先輩として相談に乗らせるということも含むので、「まだ未熟なのにそういうことまで押しつけられるならしたくない」と尻込みさせることが少なくない。

（２）指導員は忙しくて、ＯＪＴだけに取り組めない

指導員は集合研修のように、新人の研修だけにタッチしているわけではない。彼らも部署内で業務を受け持っている。指導はその多忙な間をやりくりして担当する。ウッカリすると、仕事の流れに齟齬をきたすので積極的に指導に力が入らない。手抜きする人まで出てくる。

（3）ＯＪＴの方法がよく分からない

どのようにＯＪＴを行えばいいのか、どのように進めればいいのか、どういう技法や指導方法が必要なのか、よく分からないという嘆きの声が少なくない。会社は「ＯＪＴ指導員研修」を施すが、日常業務に追われて出席もままならない。つい指導員の経験や見識に一任されることになるので、怖気だつ人も出てくる。

（4）上司があまり協力的でない

新人を指導しようと指導内容を練ったり、仕事を新人に与えてコーチしていると、上司が「この忙しいのに何をやっているんだ」とか、「アレコレ覚えさせるよりも、とにかく仕事をやらせろ。失敗したり試行錯誤を繰り返しながら一人前になっていくもんだ」などの言い方をするので、ＯＪＴというのはやりづらいという声もよくある。

指導員は上司の顔色をうかがいながら実施する。このムードは新人にも及んで、ＯＪＴを受けながら気もそぞろということになる。これでは効果が上がる方がおかしい。

（5）新人の能力、意欲がよくつかめない

一般的に研修や指導を行うには受講生の能力や意欲を把握してから始めるのが先決だが、これらの研修・指導のニーズをつかめないために、何を、どう教えていいか分からないという現象が現われてくる。

84 ＯＪＴで効果を上げる条件

指導員にすべてを任せるのではなく、部課長・係長や研修担当者（人事部、総務部、研修部等）が主体となって、指導員の意見も十分に取り入れて次のような形で実施する。

（１）計画を立てる

ＯＪＴを、仕事の合間を見て、あるいは行き当たりバッタリ式に実施しても効果は上がらない。すべては計画（プラン）から出発しなければならない。計画を立てる時は次のような順序で実施したい。

① ＯＪＴ方針の確立――トップ層の研修基本姿勢、研修部門の方針に基づいて立てる。

② ＯＪＴニーズの把握――新入社員の欠けているもの、充足しているものを、個々の面接や研修部門との意見交換で摺り合わせてつかむ。

③ 指導内容の決定（①②に基づいて、何を教えるかを決める）

④ 指導方法、手順の決定（③に基づいて、いつから、何から、どのように、いつまで教えるかを決める）

⑤　実施計画の作成（①②③④に基づいてスケジュールを立てる）
⑥　実施計画表を指導員以外の者に、間接的に協力してもらうために配布しておく。

（2）　継続的に実施する

たまたま予定外の仕事が入った、欠勤や休暇で人手不足になったなどの理由で、延期したり中止したりしない。会社によっては3カ月のOJT期間中は指導員の人事異動も二の次にしている。それほど人材育成に注力しているということだ。

（3）　手引書（マニュアル）を用意すること

指導員と新人との1対1のOJTの場合、ある新人は先輩のM氏が指導員、他課の新人はN氏が担当。同じことを教えるにもM、Nそれぞれの体験や気質のままに教えられては、新人の理解や成長にも影響が出る。教える内容や方法、手順にバラツキがないように、指導員として統一された手引書を作成する。

（4）　指導員以外は口出ししない

指導員の上司、先輩はOJT中、あるいは終了後に新人が聞いているにもかかわらず、指導のやり方や手順などに口出しをしたり、批判めいたことを言ってはならない。指導員のメンツを傷つける。どうしても言いたければ、指導員に直接、参考意見という形で言えばよい。要するに、第三者は余計な口出しをするなということである。

85 指導員は上手な教え方を身につける（1）

上手な教え方とは、上手な話し方ではない。上手に話したからといって、新人が話した通りに動いてくれなければ教え方は下手ということだ。反対にモタついた話し方でも、新人が話された通りに考えたり動いてくれたら、その教え方は上手ということになる。

人はよく「私は話しべただからものを教える柄ではない」「オレのような口のきき方がまずい男が指導などおこがましい」と断定するが、上手な教え方とは話すテクニックの集積ではない。むしろ、次のような事項を身につけた方がよい。

（1）資料、教材、道具類に手抜かりがないようにしておく

黒板、白板、ＯＨＰ（オーバー・ヘッド・プロジェクター）、ＶＴＲ、テープレコーダー、製品、模型、標本、帳票、治工具、その他。指導に必要なものは事前に確保しておく。

機器類の操作で「おかしいな、きのうまでこのＯＨＰは順調だったんだがなぁ」と言いながら、指導員と新人が2人で操作に格闘しながら、何とかスクリーンに写そうと努力しているのは滑稽以外の何物でもない。

（2）場を確保しておく

使うべき場所や部屋が使用中だったり、予約が入っていたりで、結局、来客用の応接室で模型の電話機とテープレコーダーを使って電話の実習をしても、臨場感・現実感がない。新入社員はふだん立派な応接室で業務電話の送受をすることはないのだから。指導員だって現実の模様は浮かんでこないから、何となくやりにくい。

場を確保するといっても、現実に仕事に従事している場で指導ができるなら申し分ない。あるいはそこに類似した環境なら次善だろう。

（3）せかせかした態度、気乗りしない態度をとらない

指導員の中には日常業務で責任を持っている人がいる。責任者はつい時間を気にする。それがOJTでもつい日常の仕事ぶり（クセ）が出る。せかせかした態度、早口、たたみかける調子、時計を気にするなど。こうなると、どうしても話の展開が荒っぽくなり、新人は落ち着いて学習できない。

一方、指導に気乗りしない態度もとらない。こういう態度は内容が難しい点や複雑な箇所になると、表面を撫でただけの説明で終わらせやすい。新人は分らなくても、また質問したくても、指導員の気分を損じないように気を使う。終わった時は「消化不良」の重苦しい気分が残るだけだ。指導員は辛抱強く、積極的であることが望ましい。

86 指導員は上手な教え方を身につける（2）

（4）重要事項は書くか、繰り返して説明する

説明する内容の緊急や重要な事柄は黒板（白板）に書いたり、視聴覚機器（ＯＨＰ、スライド、ＶＴＲなど）を使って補ったり、くどいようでも繰り返し説明する。

（5）一方通行よりも双方向で

講演や講義のような一方通行はやめて、会話調で指導を実施したい。すなわち、あるところまで説明したら、「どう？　ここまで分かったかな」「何か一方的にしゃべってしまったが、こんなこと、きっとあっただろう？」などと理解度を探ってもいい。

さらに、テキストや取扱説明書を一方的に説明するのでなく、「じゃ、３ページに動作ポイントが５つ書いてあるね。その第１ポイントを読んでごらん。ウン、ご苦労さん、これどういうことだと思う？」と答えを求めながら、説明に入ってもよい。

（6）遠慮なく質問させる

質問がないのはすべて分かったからではなく、〈質問をすると「そんなことも分からな

いのか」と軽蔑されるのではないか〉という懸念もある。そこで「こんなことを聞いたらバカにされるということが、いちばん重要な質問なんだよ」と誘導したり、「私の説明もまずいから疑問があるだろう。さあ、じゃんじゃん聞いてくれや」と刺激する。

それでも質問が出ない時は、教えたポイントを逆に質問してみるのも一つの方法だ。

（7）やってみて、やらせてみる

動作、操作、運転、作業などの教示は説明しただけでは不十分である。実際に指導員がやってみせる。また、それをやらせてみる。逆に、まず何も教えないうちにやらせてみて、そのあと説明して、またやらせるという方法もある。

自分がやってみせる時は、できるだけ動作はゆっくり。間違いやすいやり方と対比してやらせてみる。大切な動作や操作は繰り返したり、強調するなどの工夫が必要である。

（8）うまくできたらほめる

新人のミスに舌打ち、皮肉、ガミガミ怒鳴る……。新人はうまくできるものまでミスしてしまう。ミスしても、やさしく訂正する余裕と度量の深さを指導員は持ちたい。

うまくできたら大いにほめることだ。教えたのだからできて当然といった態度はやめる。

かつて第二次世界大戦中、連合艦隊司令長官、山本五十六《いそろく》元帥は人使いの妙法を説いた。「やってみて、言って聞かせて、やらせてみて、ほめてやらねば人は動かじ」と。**（図9）**

87 「上手な教わり方」を教える

舞台や映画で主人公が悪代官や無法者たちを小気味よく斬って捨てる。殺陣《たて》の美技だが、相手を斬る演技はプロとしてはそれほど難しくないと聞いたことがある。難しいのは〝斬られ役〟とか……。部下や後輩を叱ることは上司・先輩にとって必要な行動だから、上手な叱り方は必須の要件だろう。一方に、部下・後輩の上手な「叱られ方」も大切だ。

とすると「上手な教わり方」や「教えられ方」があってもよい。教え方に工夫が要求されているのだから、教わる側も工夫がほしい。

この「教わり方」を教えたらどうだろうか。次のような心配りや準備を、まずＯＪＴを実施する前に教えておく。

① 配属部署の業務、その中の各人の担当業務とその互いの流れを確認する——復習
② あらかじめ渡しておいたテキスト、資料、説明書を前もってよく読み、不明な点、分からない箇所はチェックしておく（あとで指導員に質問するため）——予習
③ 自分に期待されていることを思い返して、ノートに記入しておく（このことを把握

していかるかどうかが仕事を覚える意欲に影響する）

④　指導員の説明や講義、実習指導を楽な気持ちで受け入れる

⑤　教わりながら仕事の幹、大枝、小枝（最重要箇所や部分）を理解して覚える（これが仕事の流れ、関連、手順をつかむことになる）

⑥　急所をつかむ。急所とは仕事のおさえどころ、秘訣で、仕事の成功・失敗や速度、安全などに関係してくる。指導員もここに一番力を入れるはずだ、と伝えておく

⑦　模範をよく見る。指導員がやって見せてくれる時は注意して見る。不明な点は遠慮なく質問する。質問を嫌がる指導員はいない。嫌がるのは教えた通りにしないことだ

⑧　やってみる。説明や講義を聞いたり、やっているのを見て分かったつもりでも、いざ自分でやってみるとうまくいかないことが多い。これは誰でもあることだから、別に恥ずかしがることではない。仕事を覚える一番の早道は体験・経験だから、進んで自分でやってみて注意を受けたり助言してもらうことが大切だ

現代の若い世代は、仕事は「盗み取って覚えるもの」という意欲はない。教えられなければ覚えようとしない。また、教えても誤解や曲解も少なくない。それをなじると、「教え方がまずいのと違いますか」とシャアシャア口にする。自分側にも問題があるとは考えないようだ。だからこういう教わり方の要点が仕事の伝授に必要なのである。

88 ＯＪＴでもっと新人の戦力化を早めるには

（1）対面よりも同列で教える

私たちは、教える、教わるというと、両者の物理的な位置をすぐ「対面」と捉える。学校時代の教師と生徒、ビジネス界での契約や商談、説得や謝絶なども「対面」である。

ＯＪＴでも「やってみせる、言って聞かせる、やらせてみる」場合、対面での動作や操作が中心ではないだろうか。だが、これでは手や字、使う道具、模型、サンプル、図面類はすべて、やってみせる指導員と受講生は逆になる。両者が同一方向（同列）に位置する方が分かりやすい（すべての仕事の説明や操作には当てはまらないだろうが……）。

（2）課題を与えて挑戦させる

手取り足取りの指導だけでなく、本人のヤル気を高めたり、さらに担当する仕事の価値や意義を体得させるために、課題を与えたらどうだろうか。

商社勤務の田島さん（女性、仮名）は受付担当としてＯＪＴを受けたが、心はクサっていた。「大学を出た私が何で受付なのよッ」。受付を管轄する管理部長は彼女に言った。

「大学出でなければできない受付のやり方があるだろう、それに挑戦してみたら……」

それから１カ月半後に彼女は部長にＡ４版のメモ10数枚を「恥ずかしいんですが」と渡した。そこには会社に訪れた来客の１日ごとの総数、各人の訪問時間、訪問先部署、受付での用件の切り出し言葉、退社時の言葉、滞留時間等がグラフも交えて克明に記載されていた。すっかり感銘した部長は、それを社長に見せた。社長も「これは大いに参考になる」と喜び、名づけて「田島メモ」とした。半年後、彼女は社長秘書に抜擢された。

（３）新人にも責任のある仕事を

通常、新人は仕事として単純定型業務から始めることが多いようだ。現場ではこういう仕事を俗に「追い回し」というとか……。これではクサってしまい、退社する新人も現われる。ＯＪＴを始める前に、部署内を点検してみよう。

現在どんな仕事（課業）があるのかの棚卸し。それをいま誰がどのように役割分担しているのかの分析。次に新人の配属後の新しい職務編成を想定して、そこから新人に主体的な責任を持たせる仕事の抽出。それに必要な知識、技能、態度等の職能要件の検討。

こういうように絞り上げてくると、「どういう能力や知識を」「いつまでに」「どのくらい」獲得させるかが浮上してくる。これに基づいてＯＪＴ計画を立て、「この仕事はキミが主になるのだ」と激励する。先輩たちはさらに高次元の仕事に取り組めばよい。

89

実務を通じて集合研修を反芻させる

集合研修ではかなりの時間を、職場に必要な日常のコミュニケーションについての講義やロープレに費やしたことと思われる。朝夕の挨拶、呼ばれたら返事、電話のかけ方・受け方、接客応対、指示の受け方、報告の仕方など。

だが、集合研修と今の配属後指導では、新人の物理的・心理的環境は一変している。おそらく、学習した内容の中でも、指示の受け方、報告の仕方のポイントや要領は忘れていることが多いと思われる。彼らにとっては指示や報告はまだ〝非日常的コミュニケーション〟で切迫感がない。そこでＯＪＴを始める時、指導員は最初の仕事を指導する前に、集合研修で学習した内容を反芻《はんすう》させることから始めるようにしたい。

配属されたら、集合研修の学習はもう済んだこと、忘却してもよいということにはならないとショックを与えることだ。

（注）反芻《はんすう》とは、牛・鹿・キリンなどが、一度飲み込んだ食べ物を再び口中に戻し、噛み直して再び飲み込むことをいう。繰り返し考え味わうことの意。

たとえば、上司が指導員（渡辺）と新人（小野）を呼んで双方を紹介したとする。渡辺は小野に「では、明日からやりましょう、頑張ってください」。小野も「どうぞよろしくお願いします」。さて翌日、渡辺は小野を呼んだ。「小野クン、ちょっと来て」。この時、小野が軽い気持ちで「ナンですか」と手ぶらで現われたら、すかさず注意することだ。

「小野クン、『ナンですか』はないだろう。返事は『はい』だろう。集合研修で学習したね。それと、キミは手ぶらだ。今は昼休みじゃない。時間は9時半で、午前中の仕事時間だ。私はキミを雑談に誘ったのじゃない、仕事で呼んだのだ。私はきのう、ＯＪＴを『明日からやりましょう』と伝えたよね。当然、指示を受けると思って来なければならない。とすると、指示を受ける時のポイントも習ったね。どうする？　慌てなくてもいい、習ったことを思い出してごらん」

「すみません、ちょっと、ど忘れしました。ア、すみませんじゃなかった、申し分けありません」

「しつこいようだけど、最初が肝心だからね。復習すると、〈明るく返事をしてメモとペンを持って呼んだ人の前に出る〉ということだったね。次からきちんとやってくれよ。悪いね、朝から気にさわることを言ったようだけど」

「いえ、ありがとうございます。これからもビシビシお願いします」

90 指導員はもちろん、先輩は新人の後ろ楯になる

私が金融機関数行の「新入行員時代の想い出」という中堅行員の座談会に出席した時、2人の人の発言が対照的だったので強く印象に残っている。まずKさん（女性）の話——

「私が入行して間もないころ、手違いでお客様から強く叱られました。オロオロしながらも懸命に詫びて、奥のデスクにいた先輩Mさんに眼で訴えました。

しかし、Mさんは知らん顔しているばかりか、視線が合うと冷たく私を見て関係ないといった表情です。何とかその場は収まりましたが、お客様がお帰りになった後もMさんは無関係のような顔つきでした。何日かシスター（注＝指導員の別称）として面倒は見てくれたのですが、とても寂しい気持ちでしたので、今でも覚えています」

次に発言したLさん（同）は、Kさんの話を引用しながら語った。

「私も失敗しました。しかし、そのとき先輩のNさんがサッと出てきて、誠意を込めてお客様にお詫びしました。お客様が納得してお帰りになった後、Nさんは『なぜこうなったのか、前後のいきさつをよく考えて、あとで報告してね』。そのあと微笑んで、『誰でも

最初はあるわ。気にしない、気にしない』と力づけてくれました。翌日いきさつを報告した時、今度はこうしたらよいと教えてくれたのです。私は先輩に恵まれました」

とかく新人は気ばかり焦るから、思いもかけないミスをしがちだ。Mさんの新人時代にはミスはなかったのだろうか。きっとあったに違いないのだが、彼女は今のベテランの立場でKさんに接した。しかしNさんは自分の新人時代を思い返しながらLさんに対応した。

後ろ楯になることは何事にも新人のバックアップをすることではない。もちろん、ミスやトラブルに際して冷たく見放すことでもない。どうしたらよいかを一緒に考えることである。仕事のやり方、進め方を教えるだけなら、歳を経れば誰でも一応はできる。だが、それだけでは仕事は身につくものではない。

新人が期待した通りに仕事を覚えないのは、手取り足取りで教え過ぎたからかもしれない。こうなると、新人は教えられたことしかできなくなる。もうひとつは、全然教えないし、助言、注意、誘導もしないので、新人は自分の見よう見まねで事を運ぶ。つまり、「門前の小僧」を演じるので失態を招く。自分の頭で考え行動するように方向づけていく。もちろん、必要最小限の助言や誘導はする。これが後ろ楯だ。いうならばコーチである。だから私はＯＪＴよりもＯＪＣを主張したい。すなわちOn the Job Coach。最初はトレーニングでもよいが、次第にコーチングに移行すべきではないだろうか。

91 魔の5月大型連休に気をくばれ

いわゆる勤め人は、夏の旧盆、年末年始の休暇でホッと息をつく。もうひとつ、4月下旬から5月上旬の連休だ。とくに07年は大型連休だ。5月1日、2日も休暇をとれば合わせて9連休だ。資格がなければ業務に従事できない業種は5月から6月も研修中だ。しかし、研修中の会社でもこの期間は連休になるだろう。

郷里に帰って旧友と顔を合わせる者、同じく仲間と海外旅行に繰り出す者、久しぶりの同窓会・クラス会を持つ者など、新人は胸を弾ませる。

新人だけに、新製品のサンプル、キーホルダー、会社名入りの筆記具などの土産《みやげ》を提供する会社もある。翌年度の求人対策のPR用だ。新人は胸を張って得意気に郷里の人たちに配るだろう。「オレの会社のものだよ」「私の会社の新製品よ」と。

新入社員の勤務ぶり、独身寮での過ごし方を、ビデオに撮って帰省時に支給する会社もある。新人が語るよりもビデオは刺激が強いから、家族も安心するだろう。

だが困ることもある。新人が級友たち（彼らも他社の新人）と、懐かしく旧交を温めながら入社した会社を語り合う時、若者特有の批判力の欠如から「隣りの芝生」症候群に陥ることだ。すなわち、他人の会社は自分の会社より何でもよく見えて、羨ましく思うことだ。Ａの会社はオレよりずいぶん給料がよい、Ｂさんのところは仕事も楽で、自由が利くと言っている。みんないい会社に入社した、それに比べて自分は……と落ち込む。彼らが級友に対して優越感の誇示やハッタリがあるということに気づかない。

本当はみんなも自分が入社した会社を内心では羨ましく思っているかも知れないのだ。若い世代にとって、友達は家族以上に大切な存在なのだ。その友達が誇らしく会社を語れば（多少オーバーな表現もあるが）、新人はわが身に引き比べて落ち込むのである。だから、このあたりの懸念に連休前の管理者や先輩の注意と助言が大切になってくる。これをおろそかにするから、連休後の最初の勤務日（07年は5月7日）に無断欠勤、翌日「退社届」が来て慌てることになる。皮肉な現象だが、連休後の新聞広告に「本年度新入社員第二次募集」が出るのは、連休対策を誤ったか、軽く考えている証拠だろう。

連休は日本中の会社が一斉休日ではない。旅行、ホテル、レジャー、運輸、デパート、食品などの会社はまさに書き入れ時だ。他人《ひと》が楽しく休日を謳歌している時、働かねばならない悲哀……こういう新人たちとも管理者や先輩は接することになる。さて、どうする？

第7章
アフターケアを怠りなく――さらに成長を期待して

92 広い視点と、きめこまかい対応で新人を育てる

辛抱強くあれということわざに、「桃栗三年柿八年、枇杷《びわ》は九年で生《な》りかかる、梅は酸《す》いとて十三年、柚子《ゆず》の大馬鹿十八年」がある。また一方では「三日三月三年」という警句もある。しかし、現代の新入社員は入社3年以内に辞める者が3割を超えるとされている。

そこで企業は新人の定着対策と働く意欲喚起に、研修方法もマンネリ打破、さらにアフターケアとしてさまざまな新しい試みを取り入れている。

外食産業のW社は将来のチェーン店の店長候補として毎年250名前後、新人を採用する。集合研修のあと配属し、2カ月ほどたってから、福祉作業所や病院で1～2日間研修する。お年寄りの車椅子を押したり、お茶を注いだり、菓子の袋を開けて口元に運んだり……早くいえばボランティア体験だが、視野が広がる新人が多いという。

高級服飾品のT社はこのところ毎年50～60名採用するが、1年以内に辞める新人が1割。そこで会社は集合研修のあと配属が決まってからOJT。このあと新人とOJT指導員との間で毎日、交換日誌が取り交わされる。

先輩社員と新人との配属後の職場での「業務交換日誌」は、各会社で実施されていることが少なくないようだ。この傾向について、観光事業会社の研修課長氏は語る。

「若い世代のコミュニケーション・ツールは今やメールが主となっている。これでは互いの生《なま》の顔が見えない。若い世代もこういうやりとりに飢餓感があるのではないか。そこで手書き文書のやり取りが郷愁をそそるのだろう。ノートによる業務連絡交換は、新人の悩み、先輩のアドバイスを含めて次回研修のよい資料にもなる」

集合研修、また次の配属後指導についても、従来と違った傾向が06年度にあらわれている。化粧品のR社は昨年1カ月だった集合研修を今年は9カ月に延長し、終了後に配属を決め、さらにそれに合わせて各自の研修内容や体系を決める。これには当の新人が驚いている。「一人ひとり違うなんて、凄いぜいたく」。

「早くから配属先に出てしまうと全体が見えなくなる。多様な研修後に柔軟な姿勢を身につけてほしい」と研修責任者は言う。

情報通信のN社も従来は集合研修は1週間だったが、今年から1カ月間に延長。次の2カ月間は各部門をローテーションで経験し、合計3カ月後に配属決定。「一度配属先に入ると、そこの知識しか身につかない。より広い視点が大切」と人事担当は言う。

さて、あなたの会社では来年はどういう展望と視角で新人に臨むのだろうか。

93 「もう辞めるッ！」——その時あなたはどうする？

現在はかつてのような就職氷河期ではない。入社して1年以内に辞めても「第二新卒」でどこかに潜り込める。「通年採用」で勤め口はある……。こんな転職希望者が結構多い。「辞めたいと思ったものですから、相談に乗っていただけますか」と新人が部署の管理者でもないあなたに突然言ってきたら、次のように対応してほしい。

（1）なぜ自分に相談するのかを訊く

入社以来指導員だからとか、直接の仕事でラインの先輩だからとか、親身になって相談に乗ってくれると思いましてなど、いろいろ言うだろう。「私でよければ相談に乗ろう」と親しく応じる。「そんな相談を私に持ちかけるなんて筋が違うだろう」などと跳ね返さないことだ。少なくとも相手はあなたを信頼して打ち明ける気になったのだから。

（2）理由を訊く

さあ、ここが肝心のところだ。したい仕事があるのにその部署に配属にならなかった、今の部署には私は適性がない、このまま働いていると自分を見失いそうだ、この会社では私の個性が埋没してしまう……などさまざまな理由が相手から出てくる。

あなたは批判も反発もせず、ただ納得できなかったところだけ質問しながら（詰問ではない）訊いているうちに、結局は相手の転職理由は「なんとなく今のままでは不安」とか、「会社は私の性格とはミスマッチだった」「友達は結構いい会社に入っているから（私も今からでも遅くはないと思ったのでやり直したい）」という意味のところに落ち着く。最後の理由は何のことはない、ただの羨望と嫉妬だが。

給料がよくて、やりがいがあって、個性が発揮できて、キャリアが積めて……。今どきこんな桃源郷があったら、この私がイの一番に転職したいよ、と言えばよい。
（3）「この会社のいい点を探してみよう」と持ちかける
「今、恵まれた大企業で活躍しているトップでも、入社以来一度も会社を辞めようと考えたことがない人などいない。そんなとき彼らを踏みとどまらせたのは、目標に照らして自分の置かれた環境や立場のどこかに、いい点を見つけ出そうと努力したことだ。

人は、いったん悪いところが気になりだすと、いい点には眼がいかなくなりがちなものだ。しかし、どんな会社でも悪い面しかないということはあり得ない。悪い点が気になりだしたら、自分の目標に照らして会社のいい部分を探してみよう。そのためにはもう一度、自分はこの会社で何をしたいのかハッキリさせることだ」といったことを話してみる。

94 新人が辞めたくなる時期が彼らの伸びるチャンス

新人が1年以内に辞めたくなる時期が3つある。

① 5月大型連休後（212〜213ページ）

② 6月賞与支給後

新人は仕事への適応性、職場の人間関係、顧客との対応やマナー、健康に留意、体力維持など、学生時代とは違った異文化の生活を何とかこなしながら3カ月目を迎える。待望の賞与（ボーナス）が支給されるが、思ったほど多くないのでガックリ参ってしまう。時には先輩のもらった賞与のグチも耳に入る。

さらに週刊誌には各社のボーナス予想記事が出る。それを読んで、自社と比較してガックリ度がさらに大きくなる。さらに気候的にも入梅で身体不調を自覚したり気分もすぐれない。カネとカラダへのダブルパンチでフッと辞めたくなる。

③ 9月（翌年度内定者発表予定時期）

真夏の暑さが時折ぶり返す。新人はすでに職場に馴れてきた。仕事遂行上、他部署に顔を出したり社外へ出かける回数も増える。社内・社外の廊下などで1年後輩の新入社員予備軍（?）に出会う。彼らの緊張やヤル気十分の後輩たちを見て胸を打たれる。「自分も1年前は彼らのように必死だった。どうもこのごろマンネリだ（＝ここにいるからだ。何とかしなければ……）」「もう来年の選考か、半年たったが自分はどれほど進歩したのか。この会社の水は自分にはなじまないのではないか」と、退社に想いが走る。

かつて電車内での2人連れの会話が私によみがえってくる。「最も暗い時がいちばん暁に近いというからなあ」「本当にそうだな」と小声での会話であった。

新人が退社や転職で悩んでいる時、上司や先輩がその危機を乗り切らせて、見違えるような活気に満ちた新人に仕上げた例は少なくない。新人は誰でも入社当時は希望に胸を膨らませている。それが何かのきっかけで落ち込んだ時、上司・先輩の対応で救われたのだ。「課長のあの一言がなかったらオレは辞めていたかもしれない」「係長がタイミングよく叱ってくれたので、私は目の前のモヤモヤが吹っ切れた」という想いはあなた自身、あるいは同僚になかっただろうか。

辞めたくなった時（最も暗い時）が、あるきっかけで（上司、先輩の助言で）急に気が晴れて目の前が明るくなる（暁に近い）のである。今年の新人が落ち込んだ時、あなたはタイミングのいい言葉を用意してあるだろうか。

95 「できません」「ムリです」「時間がありません」を口にさせるな

「できない」「ムリだ」「時間がない」と思った瞬間から、できるものもできなくなってしまうことがある。否定的な言葉は仕事をますます重荷にするだけだ。

新人のうちは行動に自信がない方が多いから、すぐに不安が先に立つ。指示されたことに腰が引ける。だが、不安や心配に腰が重くなるのは新人らしくない。確信を持ってできる仕事などないのが新人だからこそ、指示にすぐ反応して動くのが魅力になるのだ。

最初からすぐできる仕事、ムリのない仕事などあり得ない。上司たちはそれを承知の上で仕事を任せ、どんな反応を示すかを見ているものだ。

「時間がありません」「もう少し時間をください」と、時間がないことをできない理由にする新人もいるが、こういう新人は、では時間があればできるかというとそうとも限らない場合が多い。よくあることは、忙しい時ほど能率や正確さが増すという現象である。たとえば、デパートの特売場、スーパーなどでの釣り銭ミス。間違えてはいけないという危機感が自然に能率・効率を考えた身体の構えや頭の回転になっているからだろう。

十分にやりこなすだけの時間があって仕事に取り組んでいる職場というのは、仕事そのものが少ないか、反対に仕事に比較して人員が多いということだ。

「自信がありません」も、仕事を指示すると新人の口からよく出る言葉だ。仕事というものは自信があるからできるという質のものだけではない。自信がないものにも挑戦してそれを克服するところに自信がつき、それをこなす実力がついてくるのである。

心理学者の説によると、人は否定的・後退的な言葉を口にすると、全身の神経や筋肉が収縮し、物事に対して保守的・逃げ腰の姿勢になるという。逆に肯定的・積極的な言葉を吐けば神経は弛緩し、血液の循環がよくなって物事に適応しやすくなるという。一種の自己暗示の働きだろう。とすると、仕事をマスターすることが至上課題の新人は否定語を口にした瞬間に、仕事はますます重荷になり、本当にできなくなる。弱音を吐いて損をするのは自分だけだ。

ところが上司、先輩の中には新人が否定語を口にすると、「そうか、じゃ、できる範囲内でいいよ」「じゃ、少し時間がずれてもいいから」などと、まるで新人のご機嫌をとるようなことを言ったり、迎合するかのような言葉を口にする。ご本人は新人に優しく、もの分かりのいい上司や先輩のつもりかもしれないが、実際は新人の成長を停める惨い言葉と知るべきである。

96 自分を仕事に合わせてこそ人は伸びる

配属後2、3カ月も経つと、新人の仕事観やら姿勢が見えてくる。「Pクンはもうすっかり仕事をマスターしたようだね」と言われる新人もいれば、「Qさんは伸びが遅いな」と訝《いぶか》しがられる人もいる。これは仕事に自分を合わせているかどうかの差だ。

「仕事に自分を合わせたら……」と言うと、「そんな、自分の個性を殺すようなことをしてまで……」「今の仕事は私の適性ではありません。それじゃ、自分の性格を無視するのですか」など、いいいしたり顔の返事が返ってくることがある。

仕事が個性や適性に合わないなどと言えるのは、過去30年以上もいろいろな仕事に従事しながら、そのつどその時の仕事に向かう自分の性格・気質・能力状況を、客観的かつ冷静に見つめてきた人だけが言える言葉だ。面白いことに、自分には合わない、適性がない、個性に合っていないなどの理由で会社を辞める人は、次の就職先でミス、トラブル、スランプにあうと、また同じ理由を見出すようである。

だいたい「適性検査」なるものは職種を問題にはしても、生《なま》のそれぞれの職場は取り上げていない。何十万とある職場には多くの人間、多くの規則、多くの土壌がある。こういう生々しい職場に適する力は、職種に対する適性よりも、いかに努力して適応するか、である。適性と適応を分離しているところに適性検査のネックがあるのだが……

自分の適応しようとする努力や工夫の不足を棚に上げておいて個性を主張し、反省や学習もしなければ仕事だって自分には合わせてくれない。個性とは人が「彼は個性的だ」「彼女には個性がある」と評価するのだ。まだ人に認められていないのに、自分だけで個性、個性と騒いでも、それは個性ではなく単なるクセに過ぎない。

自分が仕事に合わせようとせず、仕事を自分に合わせようとする風潮は年々盛んである。またそれを助長するムードだ。「ゆとり」「遊びの精神」「主人公はあなた」といった、歯の浮くような言葉に新人が同調して、どれほど自分の仕事力は完璧になるのだろうか。「ゆとりを持って仕事をしたい」「遊びの精神を仕事に取り入れたい」などの言葉は、仕事の出来ばえを客観的に評価され、それなりの価値を認められた人が言う言葉だ。

ロクに仕事もできない人の言う「ゆとりを持って」「遊びの精神で」は、〝サボりながら〟と同義語ではないか。仕事からの逃避の姿勢ではないか。

仕事に自分を合わせることは、決して自分の人間性を失わせることでも、仕事の奴隷になることでもない。かえって目的を達するための工夫であり最短通路なのである。

97 アナログでいくか、デジタルで伝えるか

プロ野球監督の野村克也氏は、高名なＯＢや古いタイプのコーチが自分の体験を次のように若い選手に押しつけるのを見聞きすると苦々しく思うと言う。相手も状況も、持っている技術も千差万別なのに、一向に気にかけない無神経さ、にである。

「低めのタマを打つ時はな、こういう具合にパッと手首を返さなきゃいかんのだよ」

「ワシらの時は、グラブの動きでパッと投手のクセを見抜いたものだがな」

「ピンチに出合ったら、グッとヘソ下に力を入れて、あとは気合い、気合いでいかにゃ」

「ツーアウト？　満塁？　投手もビビッとるのよ、ガーッといきゃ勝てるんだ」

「パッ」「グッ」「ガーッ」という擬音を使われても若手には分からない。また〝パッと手首を返したり、投手のクセを見抜く〟にはどうしたらいいのか。気合というけれど〝どういう気合〟でいけばいいのか。〝ガーッといく〟というのは具体的にどうすれば〝ガーッ〟になるのか。

先輩たちが意気揚々として使う手馴れたアナログ用法は若手には全然伝わっていかない。

こういう大先輩に限って、「いくら教えても効果がない、彼はダメだ」と見放す。

さらに助言する時も「コントロールに気をつけろ。間違うと一発があるからな。一発だけは打たせるな」。若手は「一発がある」「間違ってはいけない」だけが頭に残り萎縮しまう。同じことでも野村氏は言葉を選ぶ。「キミのコントロールなら大丈夫だ。外角低めへ思い切って投げてこい。間違っても一発はないぞ」と。投手はノビノビと力を発揮する。

話が長くなったが、プロ野球の世界ばかりではない。日常の職場でも、年配者や先輩の指示や打診、希望を示す表現はアナログ用法が多い。「適当でいいよ」「なるべく早く」「キミが考えていいようにしてくれ」「先方とうまく呼吸をはかってくれや」「燗《かん》をするなら人肌でいいよ」。こういう言葉に若い世代は正直、頭を痛めることが多い。次のようにデジタル用法ならすぐピンとくる（カッコ内がアナログ用法）。

「Dクン、急がせて悪いが、５時までにこれを60枚コピーしてくれないか」（なるべく早く、50～60枚アレしてくれないか）

「Eクン、明日、新規開拓だったな。最低30社回って30枚以上名刺を頂いてきなさいよ（明日の新規開拓だが、全力投球で頼むぞ）」

上司たちが部下にアナログ用法で分かると期待してよいのは、上司・先輩の日常の仕事の姿勢や行動を十分に部下・後輩にキャッチさせてからの話である。

98

「こま切れ指示」をしない

新入社員の日常の仕事は上司や先輩社員の指示・依頼によって伝えられ、実施した新人の連絡・報告によって一段落する。指示者は自分が忙しければつい「あれを先にやってくれないか」「ア、それは後でいいから、こっちを先に頼む」

新人とすれば、先に指示された仕事だってウッカリすればミスやヘマ、時間超過の心配もあるので、焦りながら取り組んでいる時に急に指示変更だ。とにかく、今やりかけの仕事をまず片付けてからでもいいだろうと続行していると、「Fクン、ボクはこっちを先にと言ったろ、キミは耳がないのか。もっと全体を見て仕事してくれよ」

「もっと全体を見ろ」「大局を考えて仕事してくれ」と言いながら、全体や大局を教えてはくれない。上司や先輩が力を入れて言うアレやコレの指示を、私は「こま切れ指示」という。全体や大局を考えさせずに、教えずにいるのではないか。

こういう上司や先輩の心には「新人は指示されたことを忠実に実施すればいいのだ」という考えがないだろうか。新人は第一線で細分化された末端の仕事をしていることが多い。

いま取り組んでいる仕事全体のイメージや大局を示さずに、部分的な指示だけを与えて大局を見ろ、全体を考えろというのは、「木に縁《よ》って魚を求める」類だ。

しかも、こういう上司・先輩ほど言うものだ。「まったく新人は全体を見ないんだから困るよ」と。何のことはない、全体や大局を見せないようにしているのではないか。

これでは新人は自分の小さな、目立たない仕事が大きな仕事につながっているという喜びを見出せない。組織の一員として自分も不可欠の存在という自覚や責任も生まれない。

上司は、先輩社員は部下に「答えて」もらうよりも、「応えて」もらいたいと願っているはずだ。答えるは相手の言葉に対してだが、応えるは心を読むことだ。自分の意図をよく理解して行動を起こしてもらう（応えてもらう）期待があるなら、何のためという目標や、仕事の最終結末を明示すべきである。それが全体や大局を把握させることになる。

若い世代が「指示待ち」世代と言われて久しいが、言われないことの奥を察するという行為は若い世代は苦手なのだ。明言化されない教え方は教えていないことと同様なのである。だから、指示されないから、教えられないから実施していないのに、それを糾弾されると「指示されていません」「教えてもらっていません」と悪気なく反発するのである。

ついでに言うと、若い世代の最も苦手な対人折衝の一つは「アウン（阿吽）の呼吸」なのである。ご参考までに。

99 飲ミニケーションを愉しく

力いっぱい働いたあと、気の合った同僚や先輩、後輩、部下と街に繰り出し、ノレンをくぐって互いの健闘を癒し、仕事のアイデアや改善が語られる。ときには悲憤慷慨も。そして明日も頑張ろうと、程よいところでお開きになる。あとは二次会で、カラオケやら飲み直し。快いアフター5のひと時だ。

新人も時にはホッとひと息ついて、上司、先輩とノレンをくぐりたい者もいよう。その時の一杯（飲ミニケーション）について、上司・先輩の気くばりがほしいところだ。

① あらかじめ相手（新人）の参加しやすい日を確かめておく

新人も含めて若い世代はアフター5の自分の生活を重要視している。突発的に誘っても（奢《おご》るのは上司・先輩）ノッてこないことが多い。

② 女性と1対1は避ける

女性が複数か、誘った側が複数になる。相手に安心感を与えたい。

③ 飲み会はまず2時間以内

とくに女性が「30～40分くらいなら」と条件付なら、店で「では、私ソロソロこの辺で失礼します」に、「まだ早いよ、これからじゃないか」はやめる。むしろ「○○クン、もうそろそろ小一時間たつけれど、まだいいかい」と打診してみよう。

④ 話題は新人中心で

若い世代はグルメ情報、タウン情報、ツアー情報、ファッション情報に強い。十分に彼らの話を引き出しながら、人事情報に載っていない彼らの趣味、嗜好、愛好歌、愛読書、最近感銘を受けたことなどを会話していこう。次第に彼らの隠れた一面が見えてくる。

誘った側の教訓話、自分の入社した時の話、若いころのニュースなどはやめる。これらが酒席の中心話題になると、若手は次第に「それがどうした」と白けてくる。

⑤ 噂話、内緒話の語り手にならない方がよい

周囲がその話題に移行したら、あるところまできたら話題を転換する。また図に乗って「ここだけの話だが……」「大きな声では言えないけれど……」は決してここだけに終わらない。言ったことのないことも尾ひれがついて社内を駆け回る。

⑥ 二次会に回るなら翌日の仕事に差し支えないように酒量、時間等を注意する

⑦ 上司や先輩の隠れたプラスの一面を見せたい

愉しい酒席にする。「もう一緒に飲みたくないな」と幻滅を与えないようにする。

100 積極的な「声かけ」を――コミュニケーションの火種を絶やさない

どの企業の集合研修でも、新入社員必携といってよいほど話し方やマナーの講義は「挨拶」「返事」が中心だ。にもかかわらず、配属されると配属先の上司・先輩は言う。「研修で習ったはずなのに、挨拶がない」「返事しない、顔を上げてこっちを見るだけだ」

たしかにお説のこともあるが、上司・先輩の受け方にも問題があるのだ。新人が「おはようございます」と挨拶すると、「お、優等生、やってるな」。あるいはジロリと一瞥して「早くもねえよ」。そうかと思うと返事がないので繰り返すと、新聞や書類に眼を落としたまま「聞こえている」。これでは誰だって挨拶などしたくなくなる。

新人に目くじらを立てる前にこちらが先にしたら……と提案すると、「私は上司ですよ。先にしたらナメられる」。そうでなくてもナメられているんだから、とは言わなかったが。「先手必勝」「先手は万手」という言葉はいつの時代にも生きているのである。

挨拶を礼儀・マナーと考えるから、部下や年少者が先に、上司や年配者は後で、と窮屈な論理や〝倫理〟にとらわれるのだろう。挨拶・返事を含めて「声かけ」と捉えたら、上司・先輩も気軽に声と言葉を流すことができるのではないか。

「おはよう」の代わりに「よォ」「どうだい？　最近は」「どうした？　元気ないぞ」でもいいではないか。こんな言葉が火種になって仕事に必要な連絡、情報が交流するものだ。

かつて東芝社長で臨時行政調査会会長の故・土光敏夫氏は言っておられた。「忙しくて会議ができないなどと言うのはぜいたくだ。その気になれば、廊下をすれ違いながら書類の１枚分くらいの連絡はできる」と。

オフィスや工場の廊下を忙しくすれ違った時、顔を背けて互いに通り抜ければそれだけのこと。ニコッとして「やあ」「オッ、元気か」のやりとりでもあれば、

「こんなところでナンだが、例の○○だがね、おたくではどうした？」

「それなんだがね、ウチの課ではこんなふうに考えているんだ、どうだい？」

「いいね、それは。それでいいんじゃないか」

「そうか、じゃ、これで了解してくれや」

互いに廊下の片隅に立ちどまって、簡単な根回しや事後承諾くらいはできる。

火種がなければ、どんなに良い薪《まき》をくべても燃えないように、職場のコミュニケーションの停滞や少なさに悩んでいるなら、真っ向からコミュニケーションを活発にと力を込める前に、「声かけ」という火種を絶やさないことが大切だろう。

付　新入社員年度別タイプ

私が本来の管理・監督者・中堅社員研修以外に、各企業・団体・官公庁等の社外講師として新入社員研修を担当するようになったのは昭和45年（1970）からであった。

「歌は世につれ、世は歌につれ」というが、次第に新入社員も世相の影響を受けるのだろうかと感じはじめたのは昭和47年と覚えている。昭和48年になると、類型化された新入社員を各地で見ることができた。業種・企業規模・地域等を問わず、である。

この折、新入社員の傾向について読売新聞から取材された。なんとなく「今年の新入社員はパンダに似ているようだ。そのココロは……」と語ったことが翌日の新聞に出て、とたんに他のマスコミからも取材が殺到した。翌年の3月彼岸過ぎに、今度は日経新聞がトップで「今年の新入社員のタイプはナンでしょうか」と取材。後を追ってまた各社からインタビューされた。

それから毎年、実際に私の眼で見たり聞いたりした各社の新入社員の最大公約数的な生態や模様を、マスメディアから求められるままに要約して発表してきた。私が肌で感じ取ったことが各企業や団体の実情にピッタリだったのか、私の類型化した命名のタイプがいつしか毎年春、新入社員集合研修期に各方面から鶴首して待たれるようになった。請われてテレビ・ラジオの対談や座談会にも引っ張り出され、斯界の先達諸先生の謦咳《けいがい》に接することができた。

ところが類型化の常として、個々の新入社員には該当しないことも多い。だが「当社の新人たちにピタリ」などのお褒め（？）やら感謝（？）の言葉も数々いただいた。他の管理監督者研修の講師として出講すると、「新入社員のタイプの名付け親」と紹介されることも数々であった。でも、いつか収束しなければいけないとは感じはじめていた。そこで、ちょうどきりよく命名30年の平成14年をもって終焉しようと考えて、予定通り打ち切った。

しかし、このまま終えてしまうのはもったいない、寂しい、残念と考えた斯界の有志（社会経済生産性本部「職業のあり方研究会」）メンバーが、私の後を継いで毎年命名してくださっている。

最初に私が名づけた「パンダ型」新入社員諸兄姉も今や50代後半である。今では毎年、息子・娘ほども年齢差のある新入社員に頭を痛めたり、感心したり（〝寒心〟かな）の日々だろう。微苦笑の多いことと思料する。次ページから自分の新入社員時代を想起する材料として、新入社員年代史といったものを掲げた。何らかの参考になれば幸せである。

新入社員年度別タイプ

入社年	タイプ	そのココロは……
昭和48年（1973）	パンダ型	おとなしくてかわいいが、人になつかない。世話が大変。タイヤ（車）で遊ぶのが好き。へたに扱うと死ぬ（退社）。
昭和49年（1974）	ムーミン型	人畜無害のおとなしい動物であることは分かるが、大人か子どもか得体が知れない。
昭和50年（1975）	ジョナサン型	群れから外れやすく、上空からシラケた目で下を見ている。目ざとくいい場所（会社・仕事）に降下する。
昭和51年（1976）	たいやきくん型	頭からシッポまで過保護のアンコがギッシリ。仕事をさせれば「毎日イヤになっちゃうよ」とこぼす。
昭和52年（1977）	人工芝型	見た目はきれいだが、根がない。昼間、職場ではくすんでいるが、夜、ネオンを浴びると鮮やかに蘇る。

昭和53年（１９７８）	カラオケ型	（自らを主張する）歌がなくて伴奏ばかり。他の者にとってキー（音程）を合わせにくい。
昭和54年（１９７９）	お子様ランチ型	何でもひと通りそろって外見は小ぎれいにまとまっている。ソツはなく、口あたりはよいが、幼さが抜けず、味（中味）は甘ったるい。歯ごたえがない。
昭和55年（１９８０）	コインロッカー型	間口は狭いが、相当いろいろなものが入れられる。だが、みんなこじんまりとまとまっている。クールでおとなしくコチコチに四角張っている。
昭和56年（１９８１）	漢方薬型	包装（服装）は地味で重々しく目立たない。その反面、外見だけでは中身が分からない。煎じ方（指導法）が悪ければ効き目がない。
昭和57年（１９８２）	瞬間湯わかし器型	すぐ反応し、必要なだけ熱湯が出てくる（飲みこみが早い）。温度が高い（熱意がある）のもあれば、反応が鈍く、すぐには熱湯が出ないのもある（やる気があるのかはっきりしない）。

昭和58年（1983）	麻雀牌型	並べやすく、混ぜればガチャガチャとうるさい。中味はひっくり返してみないと分からないので、会社側は安全牌だと思うと危険牌だったりする。
昭和59年（1984）	コピー食品型	ソツがなく手間がかからず均一化しているが、自然味・野性味がない。カラをむく手間がかからず、味もまろやかだが、歯ごたえがなく、栄養の点も心配。
昭和60年（1985）	使い捨てカイロ型	1人では熱くならない。振ったり揉んだりしているうちに熱くなってくる。ムリに力を加えると砕けてしまうし、直射日光にあてると効き目が弱くなる。
昭和61年（1986）	日替わり定食型	期待したわりには変わりばえしない。時には冷えきったもの・生煮え・半煮えのものもある。日替わりとは名ばかりで、同じ材料の繰り返しが多い。
昭和62年（1987）	テレホンカード型	矢印の方向に入れないと（指示しないと）作動しない。仕事が終わるとピーピー言う（グチや文句を言う）。だが、将来値上がりが楽しめるものもある。

昭和63年（1988）	養殖ハマチ型	エサをたらふく食べているので、おとなしくて適当に脂がのっている（スマートである）。ただ魚らしい（新人らしい）ピチピチしたところが少ないのもいる。
平成元年（1989）	液晶テレビ型	薄っぺら。スイッチを入れるとすぐ反応するが、いまひとつ色が不鮮明。画質（持っている内容や態度）の割には値段（給料）が高い。
平成2年（1990）	タイヤチェーン型	需要の殺到で、品切れ、品薄の状態。タイヤサイズ（社風や風土）に合わないものまで購入せざるを得ない。下手に扱うと弛む、外れる、ちぎれる（離職）。
平成3年（1991）	お仕立券付ワイシャツ型	購入（採用）価格が高く、仕立て上がり（教育）に時間がかかる。注文をはっきりさせないと仕立て違いが起き、生地（気質・性格）によって好みの仕立ては難しい。
平成4年（1992）	バーコード型	活用にはリーダー（読み取り機＝上司）が必要。バーに凹凸があったり（気分にムラがあったり）、かすれ気味（ヤル気がない）だと読み取りにくい。

平成5年（1993）	もつ鍋型	ちょっと見ると違和感があり得体が知れない。よく火を入れると（教育すると）うまい。身体が温まり（職場に活気が出て）スタミナがつく（戦力となる）。ただ、ものによってはいつまでもクサミが残る。
平成6年（1994）	浄水器型	ものによっては少しも浄水できない（役に立たない）。また取り付け（教育）を十分にしないと、水漏れ（グチ）や水の出（ヤル気）が悪くなる。乱暴に扱うと傷ができたり、強く締めると穴があく（脱落する）。
平成7年（1995）	四コママンガ型	起承転結（たどってきた人生経験）がこじんまりまとまっているので、読む（理解する）のに時間がかからない。接しているうちに簡単に結論が分かる駄作もあるが、〝転・結〟に意外性のある傑作もある。
平成8年（1996）	床暖房型	耐久試験（面接・テスト）で丈夫さが証明された。短い工期で楽に施工（教育）できる。長時間密着していても暑苦しくなく、まろやかな心地がする。ただし、暖める（熱気）のに時間がかかる。

平成9年（１９９７）	ボディシャンプー型	石鹸（今までの社員）と違うので、最初はなじめない人もいるが柔らかな肌ざわりで泡立ち（適応性）も良い。使い心地は捨てたものではない。
平成10年（１９９８）	再生紙型	印刷インク（過去の生活習慣）の除去が難しく、なかなか真っ白な紙（フレッシュな新入社員）にならない。無理に漂白する（社風を押し付ける）のは考えもの。新しいタイプの紙（新入社員）として市場価値がある。
平成11年（１９９９）	形態安定シャツ型	防縮性、耐摩耗性の生地（新人）が多い。しかもソフト仕上げがしてあるから（適当に遊び、青春を楽しんできた）、ゴワつくイメージがなく柔らかさ、しなやかさを持っている。
平成12年（２０００）	栄養補助食品型	豊富にＤＨＡ、カテキン、ミネラル（パソコン技術、語学力、国際感覚）を含む。疲労困憊気味の企業の体力増加に役立つ。ただし、賞味期限（試用期間）内に効果が薄れることがある。

平成13年（2001）	キシリトール・ガム型	好みのものを選べるが味には大差なし。シュガーレスと表示されていても、結構甘い。ガムだけに、期待はずれの時は紙に包んでそっと……。
平成14年（2002）	ボディ・ピロー（抱きつき枕）型	通気性が良い。上司・先輩が肢を乗せても（雑事を任せても）、気持ちよく対応してくれる。だが、それをいいことに勝手気ままに振舞うと変形したり、へたりやすくなる。

新入社員研修に成功する100のツボ

著者略歴

坂川　山輝夫（さかがわ・さきお）

1927年生まれ。国立電気通信大学・中央大学卒業。エンジニア、営業マン、業界紙記者、国家公務員を経て、68年㈱現代コミュニケーションセンターを設立。数多くの企業・官公庁の研修を担当。聴衆を絶対眠らせないと定評がある。

近著の『部下の能力を引き出す上司の一言』（大和出版）、『部下を叱れる人叱れない人』（ブックマン社）、『仕事の「言葉上手」になる99の秘訣』『巧みな「ノー」が言える本』（成美堂出版）、『「いとこ会」やってますか？』（太陽出版）など、著書159冊がある。

［現住所］埼玉県さいたま市浦和区領家5-8-1

2006年 9 月25日　第 1 刷

［著者］

坂川　山輝夫

［発行者］

籠宮良治

［発行所］

太陽出版

東京都文京区本郷4-1-14　〒113-0033

TEL 03（3814）0471　FAX 03（3814）2366

http://www.taiyoshuppan.net/

E-mail　info@taiyoshuppan.net

装幀＝中村　浩（セイエ）

［印刷］壮光舎印刷［製本］井上製本

ISBN4-88469-485-6